DUMONT

Diese Anthologie versammelt Texte, die unterschiedlich viel Zeit beanspruchen. Wer bald wieder los muss oder nur ein paar Minuten hat, ist mit den hier zusammengeführten Romanauszügen, Geschichten und Gedichten gut beraten. Sie alle erzählen davon, wie es sich anfühlt, unterwegs zu sein, und machen Lust auf noch viel mehr ›Lesezeit‹.

LESEZEIT. UNTERWEGS

Antonia Marker (Hg.)

Lektüre für jedes Zeitfenster

DUMONT

Inhalt

Vorwort … 7

Mariana Leky LIEBESPERLEN … 9
Helmut Krausser COVERVERSION VON HUGO VON HOFMANNSTHALS ›REISELIED‹ … 20/21
Richard Russo AUSZUG AUS ›STIMME‹ … 22
Dorothee Elmiger AUSZUG AUS ›SCHLAFGÄNGER‹ … 37
Lorenz Just DER BERICHT EINER REISE … 39
Tilman Rammstedt SOMMER … 56
Jan Brandt REISEN MIT MEINER TANTE … 61
Wiglaf Droste ES BLEIBT EIN STÜCK HANNOVER ZURÜCK … 72
Susanne Heinrich UNTER FREIEM HIMMEL … 75
Jan Koneffke HEIMSUCHUNG … 85
Hilary Mantel WIE SOLL ICH SIE ERKENNEN … 86
Thomas Gsella DER BMW IM WEG … 112
Roman Ehrlich ÜBER DIE POSITIONEN IM RAUM … 117
J. L. Carr AUSZUG AUS ›EIN MONAT AUF DEM LAND‹ … 133
Judith Kuckart SPÄTES GLÜCK … 137

Geoff Dyer WHITE SANDS ... 160
Meg Wolitzer AUSZUG AUS
›DAS WEIBLICHE PRINZIP‹ ... 176
Martin Kluger DIE FEUERSCHLUCKERIN ... 178
Anne Köhler ›ALS ICH PRAKTIKANTIN
IN ISRAEL WAR‹ ... 193
John von Düffel HIOB ... 198

Quellennachweise ... 253

LESEZEIT.

Ein Vorwort und eine Gebrauchsanweisung

Dieses Buch hier versammelt Texte verschiedener DuMont-Autor*innen zum Thema »Unterwegs«. Die Menschen, die uns in diesen Romanauszügen, Geschichten und Gedichten begegnen, sind auf Reisen, im Aufbruch, auf der Suche – mal nach sich selbst, mal nach einem Ort, an den sie gehören könnten. Und wenn wir wollen, nehmen sie uns mit: raus aus dem Alltag, weg vom Handy, rein in die Kontemplation. Wenn wir lesen, geraten wir ins Nachdenken über uns und die Welt. Und in einer Zeit, in der es gar nicht mehr so leicht ist, sich zurückzuziehen und ganz für sich zu sein, ist diese Form des Auseinandersetzens mit dem Außen und Innen vielleicht wichtiger denn je.

Aber aus der Praxis wissen wir alle: Es ist gar nicht so leicht, sich den Raum und die Ruhe zu verschaffen, die es für die Lektüre braucht. Dieses Buch soll dabei helfen, sich Zeit zum Lesen zu nehmen. Die Beiträge in der Anthologie sind unterschiedlich lang – und so für unterschiedlich große Zeitfenster gedacht. Die voraussichtliche Lektürezeit ist bei jedem Text mit angegeben. Ein durchschnittlich schnell Lesender schafft zweihundertfünfzig Wörter pro Minute, sagt die Forschung. Natürlich nur ein grober Richtwert, von dem man sich keinesfalls unter Druck setzen lassen sollte, doch bestimmt eine gute Orientierungsmarke. Also: Ob die zehn Minuten Wartezeit an der Bushaltestelle, die Viertelstunde nach Feierabend auf dem Sofa, die fünf Minuten morgens im Bett, bevor der Snooze-Alarm wieder losgeht: In diesem Buch sollten Sie den passenden Text finden.

Und klar, wahrscheinlich lesen wir heute sowieso schon viel mehr als die Generationen vor uns. Schließlich kommunizieren wir alle Tag für Tag wie verrückt. Doch dabei geht es vor allem ja um Texte, die irgendeinen praktischen Nutzen erfüllen sollen. Aber es wäre gar nicht schlecht, wenn es so bliebe, dass Texte mehr sein können als reine Gebrauchsgegenstände, oder? Betrachten Sie die ›Lesezeit‹ als Plädoyer fürs »Lesen einfach nur so«, nicht zweckgebunden, sondern aus reiner Freude an Geschichten: Konkurrierendes Freizeitangebot hin oder her – diese Freude sollten wir uns nicht nehmen lassen. Schon Schopenhauer wusste: »Lesen heißt mit einem anderen Kopf statt des eigenen denken.« Das ist doch mal was.

Viel Freude mit der ›Lesezeit‹ wünscht:
Antonia Marker, Lektorin Belletristik bei DuMont

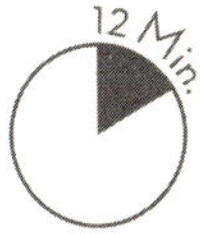

LIEBESPERLEN

Mariana Leky

Meine Mutter raucht viel, besonders am Morgen davor. Am Morgen davor nimmt sie nichts zu sich außer Zigaretten. Sie steht am Kippfenster in der Küche und bläst den Rauch durch den Schlitz auf die Straße. Auf der Fensterbank steht eine Tasse lauwarmes Wasser, daneben liegt eine silberne Cappuccinotüte, sie hat beides vergessen.

»Warum fliegst du nicht mit«, frage ich. Ich frage das jedes Mal. Jedes Mal sagt meine Mutter: »Wegen der Katze.« Sie hustet. Mein Vater kommt in die Küche, mit vielen großen Tüten aus Glanzpapier, und hustet auch. Er stellt die Tüten auf den Küchentisch. »Warum fliegst du schon wieder«, frage ich und setze mich auf die Fensterbank. »Das weißt du doch«, sagt mein Vater, und ich sage: »Wegen der Wüstenluft.«

Meine Mutter schnippt die Zigarette aus dem Fensterschlitz. Mein Vater zieht neue Hemden und Badehosen aus den Glanzpapiertüten, knipst die Preisschilder ab und legt sie in die Reisetasche. Wir fahren ihn nicht zum Flughafen. Er küsst uns auf den Mund, sagt »Na denn« und dass er jetzt gehen müsse. Dann geht er. Meine Mutter zündet sich eine neue Zigarette an und bläst den Rauch in den Raum. Wenn mein Vater weg ist, rauchen wir im ganzen Haus. Wenn mein Vater da ist, stellen wir uns zum Rauchen an das Kippfenster in der Küche, abwechselnd.

»Was ist diesmal dran«, frage ich meine Mutter. »Der Keller«, sagt sie.

Ich rauche auch viel. Ich habe es in Agadir gelernt. Zu meinem vierzehnten Geburtstag schenkte mir mein Vater eine Reise nach Marokko, weil der Arzt gesagt hatte, Wüstenluft sei gut; ich hatte mit einer Stereoanlage gerechnet. Wir wohnten in einem Hotel am Meer. Es gab viele streunende Katzen in der Hotelanlage, die vom Personal verjagt wurden, weil sie hässlich aussahen: Entweder hatten sie nur ein Auge oder nur ein Ohr oder nur drei Beine. Die Katzen wurden verjagt, immer wieder; es sei denn, sie hatten Katzenkinder. Dann durften sie bleiben, denn Katzenkinder sind niedlich. Es gab streunende Katzen und für meinen Vater viele Tennisplätze, deswegen kamen wir aus der Hotelanlage nie heraus. Er spielte den ganzen Tag. »Mit wem spielst du«, fragten wir, und er sagte: »Ich spiele mit wechselnden Partnern.« Meine Mutter saß auf der Hotelterrasse und bereitete seine Vorlesung für das Wintersemester vor, eine Vorlesung über Psychosomatose. Ich lag am Pool und hörte Walkman. Manchmal setzte der Hotelanimateur sich zu mir auf das Handtuch und hörte auf einem Stöpsel mit.

Ich verliebte mich in den Animateur, weil ich achtmal *Dirty Dancing* gesehen hatte. Der Animateur hatte ein braunes Gesicht und sehr weiße Zähne. Er trug einen hellblauen Trainingsanzug aus Wolle, auch wenn es heiß war, immer denselben. Eines Tages küsste mich der Animateur, als meine Mutter nicht hinsah. Während er mich küsste, dachte ich an die Postkarten, die ich meinen Freundinnen schreiben würde, die zu Hause bleiben und ins Kino gehen mussten. Dann brachte der Animateur mir das Rauchen bei. Es war ganz leicht.

Beim Abendessen sagte ich: »Ich habe mich verliebt.« Mein Vater sagte: »O Gott«, und schüttelte den Kopf, so, wie er den Kopf schüttelt, wenn jemand anruft und fragt, ob er Patient werden könne wegen der und der Geschichte, und meinem Vater die Geschichte nicht zusagt. Ich nahm eine Zigarette aus der Schachtel meiner Mutter und zündete sie an. Mein Vater nahm sie mir aus dem Mund und drückte sie im Aschenbecher aus. »Mein Kind macht sich kaputt«, sagte er, »und ich muss dabei zusehen.« Meine Mutter nahm die Zigarette aus dem Aschenbecher und bog sie wieder gerade. Wir aßen Oliven, weil es so heiß war und der Arzt gesagt hatte, wenn man schwitzt, müsse man Salz essen. Ich erzählte von dem Animateur und seinen schwarzen Augen, und mein Vater fing an zu schielen. Mein Vater fängt immer an zu schielen, wenn es ihm langweilig wird. Er schielt oft, wenn er länger mit uns zusammen ist, besonders schlimm ist es zu Ostern oder am Heiligen Abend, dann schielt mein Vater dauerhaft, und ich frage mich, was der Arzt wohl dazu sagen würde. Meine Mutter zündete sich die gerade gebogene Zigarette an und schlug ihm vor, tanzen zu gehen, »nur du und ich«, sagte sie.

Der Schlangenbeschwörer kam, und ich zog die Schultern hoch. Der Schlangenbeschwörer kam jeden zweiten Abend, er wechselte sich mit der Bauchtänzerin ab und legte jemandem die Schlange um den Hals, er legte immer mir die Schlange um den Hals. »Weil du hier die Kleinste bist«, sagte mein Vater, »dich kann sie am besten vertilgen.« Ich lächelte und schwitzte, die Gäste an den Nebentischen lachten und klatschten, und der Schlangenbeschwörer strahlte. »Schön«, sagte mein Vater zu meiner Mutter und stand auf, »ich mache aber vorher noch ein Spiel. Wir treffen uns im Appartement.« Mein Vater ging, und ich lief zur Hotelküche, um mich mit dem Animateur zu treffen.

Der Küchenchef wollte mich nicht in die Hotelküche lassen. Der Animateur sagte einiges auf Arabisch, dann lachte der Küchenchef, schlug ihm auf die Schulter und ließ mich hinein. Wir setzten uns vor den offenen Kühlschrank, es war immer noch heiß, und tranken Pfefferminztee mit viel Zucker. Wir hörten Walkman, rauchten und stocherten im Zucker herum, der sich auf den Böden der Teetassen abgesetzt hatte. Schließlich sagte der Animateur: »Dein Vater spielt viel Tennis.«

»Ja«, sagte ich. Der Animateur legte mir den Arm um die Schulter. »Deine Mutter nicht«, sagte er. »Nö«, sagte ich.

Der Animateur wohnte in einem Bungalow hinter dem Hotel. Wir gingen hintereinander her, seine Badeschlappen klatschten bei jedem Schritt auf das Pflaster. »Mein Vater hat Asthma«, sagte ich, »deswegen sind wir überhaupt hier, weil der Arzt gesagt hat, Wüstenluft ist gut.« Der Animateur drehte sich nicht um. »Zu viel geraucht«, sagte er. »Nein«, sagte ich.

Mein Vater raucht nicht. Mein Vater sagt, er sei kein Suchtcharakter; ganz im Gegensatz, sagt er, zu meiner Mutter. Meine Mutter sagt: »Die Zigarette ist mein einziger Freund.« Meinem Vater gefällt dieser Satz. Er hat ihn verwendet in seiner Vorlesung über reaktive Depression.

Der Bungalow bestand aus einem Zimmer, darin waren ein Schrank, ein Spiegel und ein Bett. Der Animateur und ich setzten uns auf den Bettrand und betrachteten seine Füße, sein rechter Zehennagel war gelb und geriffelt. »Hast du eine Zigarette«, fragte der Animateur nach einer Weile. »Leider nicht«, sagte ich. Der Animateur stand auf, lächelte, fasste mich an den Unterschenkeln und legte meine Beine aufs Bett, so, wie man die Beine von jemandem aufs Bett legt, der eine Querschnittslähmung hat. Dann legte er sich auf mich, fasste mich mit einer Hand am Ohr und fing an, mit den Hüften zu kreisen. Ich guckte auf die Styroporplatten an der Decke und dachte an die Postkarten, die ich meinen Freundinnen schreiben würde, die zu Hause waren und ins Kino gingen. Dem Animateur fiel erst der eine, dann der andere Badeschlappen von den Füßen; dann hörte er auf, mit den Hüften zu kreisen, und setzte sich auf den Bettrand. Sein Trainingsanzugoberteil war ihm aus der Hose gerutscht. Ich strich mein Kleid glatt und sagte, ich müsse jetzt gehen. Mein Ohr tat weh.

»Dein Ohr ist ganz rot«, sagte meine Mutter und lächelte. Meine Mutter lächelt immer, wenn sie weint und plötzlich jemand neben ihr steht. »Was ist denn«, fragte ich, »wieso seid ihr nicht tanzen.« Meine Mutter hatte sich die Lippen angemalt. »Er ist immer noch nicht da«, sagte sie, und: »Wo um Himmels willen bist du gewesen?« Sie aschte in einen Zahnputzbecher.

Am nächsten Morgen war mein Vater wieder da und meine Mutter verschwunden. Wir frühstückten zu zweit. Aus dem Lautsprecher im Frühstücksraum kam marokkanische Musik, immer das gleiche Lied, und es hörte sich an, als hätte der Sänger viel zu beklagen. »Wo bist du gewesen?«, fragte mein Vater. »Deine Mutter hat sich Sorgen gemacht und noch mehr geraucht als sonst. Sie geht noch zugrunde daran.«

»Wo bist du gewesen?«, fragte ich zurück. Mein Vater sagte, ich müsse nicht alles wissen, und ich sagte, ich wüsste nicht nur nicht alles, sondern überhaupt nichts, und mein Vater sagte, um so besser. Wo ich gewesen sei. »Ich war mit dem Animateur weg«, sagte ich. Er werde dafür sorgen, dass ich diesen Animateur nicht wiedersehe, ein ganz windiger Kerl sei das, sagte mein Vater. »Mein Kind macht sich kaputt«, sagte er, »und ich muss dabei zusehen.«

Wir fanden meine Mutter unter einer Pinie bei den Bungalows. Sie hockte im Gras. Ich setzte mich neben sie, mein Vater blieb stehen. Unter der Pinie lag eine getigerte Katze mit fünf Katzenkindern. Vier hingen an ihren Zitzen und drückten die Pfoten in den Bauch der Mutter. Das fünfte versuchte auch zu trinken, aber die anderen ließen es nicht heran. Das fünfte Katzenkind war mager und viel kleiner als seine Geschwister. Es atmete schnell. »Das kommt nicht durch«, sagte mein Vater von oben. Meine Mutter nahm das Katzenkind auf die Hand. »Wir brauchen eine kleine Flasche«, sagte sie. »O Gott«, sagte mein Vater und schüttelte den Kopf, wie er den Kopf schüttelt, wenn jemand Patient werden will und meinem Vater die Geschichte nicht zusagt. »Eine Flasche mit einem ganz kleinen Schnuller«, sagte meine Mutter. Mir fielen die Liebesperlenfläschchen ein, die meine Freundinnen und ich früher am Kiosk gekauft haben, Fläschchen mit sehr kleinem Schnuller. Winzige bunte Kugeln sind darin, die Liebesperlen heißen und nach überhaupt nichts schmecken. »Das hat doch keinen Sinn«, sagte mein Vater. Meine Mutter lächelte ihn an, und daran sah er, dass sie geweint hatte. »Geh und frag deinen Animateur«, sagte er zu mir.

Der Animateur war im Dienst. Aus einem Lautsprecher am Swimmingpool kam Musik von Roger Whittaker, Tanz heut nacht mit mir, und der Animateur tanzte mit einer Dame, die einen fliederfarbenen Bikini trug und eine fliederfarbene Badehaube. Ich tippte dem Animateur auf die Schulter. Er küsste der Frau die Hand und drehte sich zu mir um. »Ich brauche so eine Art Liebesperlenfläschchen«, sagte ich, »weißt du, wo ich eins kriegen kann?« Der Animateur hatte keine Ahnung, was ein Liebesperlenfläschchen war. Der Animateur sprach besser Englisch als Deutsch. »A small bottle with love pearls in it«, sagte ich. »Love pearls«, lachte der Animateur und schlug mir auf den Hintern. Die Dame im fliederfarbenen Bikini kicherte.

Mein Vater und ich fuhren ins Stadtzentrum, meine Mutter blieb beim Katzenkind. Wir gingen über einen Markt voller Gewürzberge, wir gingen in Läden, in denen kopfüber Hammel hingen, ganze Hammel ohne Haut und mit chlorwasserblauen Augen. Wir gingen in Läden, in denen es türkischen Honig gab, Wasserflaschen aus Leder, Silberschmuck, Reiswaffeln und Oliven. Wir fragten nach Liebesperlen, ich sagte »love pearls«, mein Vater sagte »perles d'amour«. Die Händler sagten, wir kämen ja aus Deutschland, Deutschland sei schön und sie hätten gute Freunde in Dortmund oder Wiesbaden.

»Versuchen Sie es mit einer Spritze«, sagte der Hotelportier zu meiner Mutter. Der Portier redete auf Arabisch mit dem Küchenchef, und der Küchenchef kam mit einer Spritze und einer Tüte Milch. Meine Mutter strahlte. Mein Vater ging Tennis spielen. Meine Mutter und ich gingen zur Pinie, das Katzenkind lag zusammengerollt zwischen seinen Geschwistern. Man konnte sein Herz schlagen sehen. Meine Mutter nahm es in die Hand und träufelte Milch aus der Spritze auf seine winzige Schnauze. Das Katzenkind trank. »Das Katzenkind hat getrunken«, erzählte meine Mutter meinem Vater beim Abendessen. »Du verlängerst nur sein Leiden«, sagte mein Vater. Ich zog die Schultern hoch, weil der Schlangenbeschwörer kam.

Wir hatten noch drei Tage. Mein Vater spielte drei Tage lang Tennis mit wechselnden Partnern und hustete nicht mehr, wegen der Wüstenluft. Meine Mutter fütterte drei Tage lang stündlich das Katzenkind, nachts stellte sie sich den Wecker. Einmal stand ich auf, als ich den Wecker klingeln hörte, und ging ins Zimmer meiner Eltern. Meine Mutter zog sich den Bademantel über, das Bett meines Vaters war leer. Es war Viertel vor drei, wir gingen über den Steinweg zu den Bungalows. Im Bungalow des Animateurs brannte Licht, die Tür war angelehnt, ich hörte ihn lachen. Die vier Katzenkinder tranken und drückten ihre Pfoten in den Bauch der Mutter. Das fünfte tapste ein paar Schritte auf uns zu, dann fiel es hin, und meine Mutter legte es mir in die Hand. Es atmete schnell und fühlte sich heiß an. Es hatte struppiges Fell, seine Augen waren verklebt. Das Katzenkind trank.

Am nächsten Tag kam mein Vater zu spät zum Frühstück, und als er kam, stützte er sich auf die Lehne des Stuhls, auf dem meine Mutter saß, beugte sich zu ihr hinunter, hielt seine Wange gegen ihre und sagte: »Dein Katzenkind ist tot. Es tut mir leid.« Meine Mutter griff ihm in die Haare und begann zu weinen. »Wir müssen es beerdigen«, sagte ich nach einer Weile. Meine Mutter sagte, nein, sie könne nicht, sie könne es nicht sehen und ob ich es allein beerdigen würde. Mein Vater nahm meine Mutter am Arm und sagte, dass das abzusehen gewesen sei. Meine Mutter nahm ein paar Stoffservietten und drückte sie mir in die Hand: »Pack es gut ein«, sagte sie, und dass ich es unter der Pinie begraben solle. Ich sagte: »Papa, kannst du nicht mitkommen?«

»Das schaffst du schon«, sagte mein Vater und klopfte mir auf die Schulter.

Mit den Servietten in der Hand ging ich den Animateur suchen, ich fand ihn vor der Hotelküche. Er rauchte mit dem Küchenchef. »Willst du eine Zigarette?«, fragte er. Der Küchenchef gab mir Feuer. Sie unterhielten sich auf Arabisch. Ich betrachtete die Badeschlappen des Animateurs, seine braunen Füße und den gelben, geriffelten Zehennagel. »Wiedersehen«, sagte ich, als ich die Zigarette aufgeraucht hatte. »Ciao«, sagte der Animateur. Ich ging den Steinweg entlang zu den Bungalows und dachte an mein Lieblingslied aus *Dirty Dancing*, das Schlusslied, zu dem plötzlich alle anfangen zu tanzen, auch die Eltern des Mädchens, die eigentlich immer gegen die Verbindung zwischen ihrer Tochter und dem Animateur gewesen waren, aber schließlich erkennen, was für ein wunderbarer Mensch der Animateur ist, obwohl nur ein Animateur, auch die Eltern tanzen schließlich ausgelassen zu meinem Lieblingslied, und alle umarmen sich und weinen und lachen und singen: *Now I had the time of my life.* Ich blieb stehen und versuchte, in die Servietten zu weinen.

Mein Vater hat ein feines Gespür für den richtigen Zeitpunkt. Die Katzenmutter lag unter der Pinie und säugte ihre vier Kinder. Das fünfte stand abseits und atmete schnell. Ich hockte mich hin und legte die Servietten auf den Boden. Das Katzenkind tapste auf mich zu und fiel hin. Ich nahm es in die Hand und guckte in seine verklebten Katzenaugen, meine Handfläche fing an zu kribbeln. Ich setzte das Katzenkind ins Gras. Ich dachte darüber nach, wie es wäre, sich zugrunde zu richten und jemanden dabei zusehen zu lassen. Die Dame mit dem fliederfarbenen Bikini kam vorbei, mit einem fliederfarbenen Handtuch um die Hüften. »Na, Kleines«, sagte sie. Ich zeigte auf das Katzenkind und fragte, ob sie sich darum kümmern könne. »Sicher«, sagte die Dame, »was immer du willst«, und ging in Richtung Pool davon.

Meine Mutter packte. Mein Vater saß auf der Terrasse und las sein Vorlesungsmanuskript. Als er mich sah, lächelte er mich an. Ich drückte ihm die Servietten in die Hand.

Wir flogen am Nachmittag. Seither fliegt mein Vater allein. Er fliegt alle drei Monate, manchmal öfter, seit sechs Jahren. »Wir können uns das nicht leisten«, sagt meine Mutter; dann sagt mein Vater: »O Gott«, und schüttelt den Kopf, als wolle jemand Patient werden. Oder er hustet.

Meine Mutter hat ein ausgesprochenes handwerkliches Geschick entwickelt. Wenn mein Vater wegfliegt, fängt meine Mutter an, etwas im und am Haus zu verändern. Als ich vom Tanzstundenabschlussball kam, kachelte sie die Küchenwände. Als ich fürs mündliche Abitur lernte, riss meine Mutter um mich herum den Boden heraus und verlegte Laminat. Als ich mit einer Lungenentzündung im Krankenhaus lag, kam sie mich besuchen mit grünen Flecken im Gesicht und grünen Rändern unter den Fingernägeln. »Das Badezimmer«, sagte sie, »es wird türkis.« Als ich sagte, dass ich verliebt und es diesmal ganz bestimmt der Richtige sei, schlug sie mit der Spitzhacke auf den Rasen ein und legte einen Teich an.

Alle drei Monate kommt mein Vater nach zehn Tagen braun und gesund zurück, mit Papiertüten. Darin sind Geschenke für meine Mutter und mich: Wasserflaschen aus Leder, Silberschmuck oder Reiswaffeln. Wir drehen die Geschenke in den Händen und sagen, wie schön. Wenn er wiederkommt, lädt mein Vater uns zum Essen ein, jedes Mal, und fragt, wie geht's. Wir sagen, gut. Mein Vater erzählt von der Wüstenluft und den wechselnden Animateuren. Von den streunenden Katzen erzählt er nicht. Meine Mutter erzählt von den Leuten, die in seiner Abwesenheit angerufen und gefragt haben, ob sie Patienten werden dürfen wegen der und der Geschichte. »O Gott«, sagt mein Vater. Ich sage nichts; ich beobachte, wie nach spätestens anderthalb Stunden die Pupille im linken Auge meines Vaters langsam nach innen wandert.

2 Min.

REISELIED

Hugo von Hofmannsthal

Wasser stürzt, uns zu verschlingen,
Rollt der Fels, uns zu erschlagen,
Kommen schon auf starken Schwingen
Vögel her, uns fortzutragen.

Aber unten liegt ein Land,
Früchte spiegelnd ohne Ende
In den alterslosen Seen.

Marmorstirn und Brunnenrand
Steigt aus blumigem Gelände,
Und die leichten Winde wehn.

2 Min.

Coverversion von REISELIED

Helmut Krausser

fluten, die sich um dich reißen,
felsgeschmeiß, das auf dich zielt,
viel aasgeflügel, das, kalt-heißen
braten riechend, nach dir schielt.

tief unten aber liegt ein land,
in dessen alterslosen seen
sich immerreife früchte spiegeln.

schöpf aus brunnen, spür die hand
der sanften winde, die dort wehen.
im schatten von uralten ziegeln.

STIMME
Die Welt der anderen

Richard Russo

Die Biennale-Reisegruppe – die meisten stammen wie Nate aus der Region Central Massachusetts – hat in einem kleinen Hotel mit dreieinhalb Sternen im *Sestiere* Dorsoduro eingecheckt. Nate, der fürchtet, seine sozialen Kompetenzen könnten während der vielen Monate selbst auferlegter Einsamkeit verkümmert sein, steht allein in der geschäftigen Lobby und bemüht sich nach Kräften, nicht aufzufallen oder zumindest einen unschuldigen Eindruck zu machen, Strategien, die er bis vor einem Jahr noch mühelos beherrschte. Doch der Vorfall mit Opal Mauntz hat alles grundlegend verändert.

Oder nicht? Er fragt sich, ob die Menschen ihn jetzt anders sehen oder nur er selbst sich anders sieht. Vielleicht reagieren sie ja nur auf sein mangelndes Selbstwertgefühl, seitdem Selbstbeschuldigung zu seiner Standardmethode geworden ist. Vorhin am Flughafen hat Julian ihn nur kurz angesehen und wollte dann wissen, was vorgefallen sei. Als Nate seinen Bruder gefragt hat, was er damit meine, hat Julian nur die Schultern gezuckt, wiederum seine Standardmethode, die es ihm ermöglicht, nahtlos von Verärgerung auf Gleichgültigkeit umzuschalten. »Du wirkst völlig verspult«, sagte er.

»*Wie* wirke ich?«, erwiderte Nate, der meinte, sich verhört zu haben. Obwohl *er* der Englischprofessor ist, ist Julian derjenige, der eine besondere Liebe zu Worten hegt, vor allem zu gewitzten oder etwas rotzigen Wendungen, die ihren Sprecher als cool ausweisen. Obwohl er stramm auf die siebzig zugeht, kommt sich sein Bruder immer noch recht cool vor.

»Na ja, verspult eben«, wiederholte Julian gut gelaunt – offenbar hatte er einen neuen Lieblingsausdruck. »Neben der Kappe, völlig daneben, verschallert.«

Merkwürdig, dachte Nate. Kaum eine Minute war nach ihrem ersten Wiedersehen seit Jahren vergangen, und schon hätte er seinen Bruder erwürgen können.

Natürlich war es durchaus möglich, dass sein Bruder ihm gar nichts angemerkt, sondern nur so getan hatte. Vielleicht hatte Julian durch Brenda von Nates Schmach erfahren. Er hatte ihr letzten Frühling in einem schwachen Moment alles erzählt. Sie hatte ihm geschworen, seinem Bruder nichts zu sagen, aber gut möglich, dass sie sich anders besonnen hatte; fast hoffte Nate es. Ihm wäre wohler, wenn Julian es wusste, als wenn er das erlittene Debakel von seinem Gesicht abgelesen hatte. Denn wenn es so offensichtlich war, dass »Nate völlig verspult« war, konnte er im Grunde gleich aufgeben. Denn dann würde der Rest der Biennale-Reisegruppe, obwohl allesamt Fremde, es im Nullkommanichts mitkriegen.

Lass das, ermahnt sich Nate jetzt selbst. Denn ist er nicht um die halbe Welt gereist, in der Hoffnung, genau derlei Gedankengängen zu entfliehen? Nein, er ist kein Monster. Das ist er nicht, und auch die Tatsache, dass er sich in den letzten zwölf Monaten so gefühlt hat, macht ihn nicht dazu. Außerdem können die Menschen nicht in sein Innerstes blicken. Sie werden die Wahrheit nicht erfahren, es sei denn, er erzählt sie ihnen. Und was *ist* im Übrigen die Wahrheit? Okay, ohne es zu wollen, hat er jemandem Schaden zugefügt. Nur wie sehr, wird er vielleicht nie erfahren. Und klar ist auch, dass er sich selbst ebenfalls Schaden zugefügt hat. Aber andere Menschen leben auch mit so was, sogar Schlimmerem, das weiß Nate. Sie haben keine andere Wahl. *Er* hat keine andere Wahl.

Nicht weit entfernt steht Klaus, ihr Reiseführer während der Biennale in Venedig und auf ihrer anschließenden Romreise, und erzählt von Prostituiertenkindern im fünfzehnten Jahrhundert, die aufgrund ihrer engelsgleichen Stimmen dazu verpflichtet wurden, beim Gottesdienst zu singen. Da viele infolge von Geschlechtskrankheiten grotesk entstellt gewesen seien, habe man sie hinter durchscheinenden Wandschirmen verborgen, um die empfindsamen Gemüter der adligen Gläubigen zu schonen, und auch, damit dieser ordinäre Anblick die höhergestellten Herrschaften nicht von der Verehrung des Göttlichen ablenkte. Als er das hört, muss Nate sofort wieder an Opal Mauntz denken, obwohl ihm nicht sogleich klar ist, warum. Was haben diese Unglücklichen – so herzzerreißend ihr Schicksal auch ist – mit einer in Bedrängnis geratenen Studentin, die sechs Jahrhunderte später lebt, zu tun? Geht jetzt alles wieder von vorn los? Ein Jahr zuvor haben sich seine Gedanken immerzu im Kreis gedreht, und alles – aufgeschnappte Gesprächsfetzen, Liedtexte, Filmszenen – hat ihn daran erinnert, was mit Opal Mauntz passiert war. Sich zu verstecken hat geholfen, jedenfalls eine Weile. Die Geräusche der Außenwelt auszublenden hat auch die

Stimmen in seinem Kopf gedämpft, eine Erleichterung, die er dringend brauchte. War es ein Fehler, die Geräusche des Lebens wieder zuzulassen? Falls ja, ist es jetzt zu spät. Denn die nächsten zwölf Tage über wird er, es sei denn, ihn verlässt endgültig der Mut und er sperrt sich in seinem Zimmer ein, in der Welt der anderen zurück sein. Er wird sehen und gesehen werden.

Als er den Blick durch die überfüllte Lobby wandern lässt, bemerkt er die beiden Frauen, die neben dem Aufzug stehen. Die größere ist auf verhuschte Weise attraktiv, wie ein Reh im Scheinwerferlicht, aber dummerweise ist es ihre untersetzte, biedere Begleiterin, mit der er unabsichtlich Augenkontakt herstellt. Da ihm klar ist, was gleich passieren wird, sieht er sich nach seinem Bruder um, aber der ist noch immer in ein Gespräch mit Bea vertieft, der Frau, die die Reise organisiert hat. Das Gute an Julian – vielleicht das einzig Gute – ist seine angeborene Fähigkeit, Nate neben sich völlig bedeutungslos erscheinen zu lassen, was ihm durchaus recht ist. Auf der Fahrt vom Flughafen hierher hat Julian die ganze Zeit mit dem Fahrer des Wassertaxis gesprochen. Er liebt es, mit Fremden zu reden. Jedoch nicht mit Menschen, zu denen er eine Verbindung hat, aber das steht auf einem ganz anderen Blatt. Sein endloses Schweigen war der Grund – einer von mehreren –, den Brenda für ihren Entschluss, sich scheiden zu lassen, anführte.

Während Nate vorhin im Boot saß und zuhörte, wie sich die beiden Männer über den Motorlärm und das Geräusch der gegen den Bootsrumpf schlagenden Wellen hinweg schreiend unterhielten, begriff er, dass er wieder einmal den Fehler begangen hatte, zu viel von seinem Bruder zu erwarten. Sein Flug hatte Verspätung, und als er auf dem Monitor sah, dass Julians Maschine dagegen früher als geplant landen würde, beschloss er zu warten. Es waren ja nur fünfundvierzig Minuten, und sie könnten sich, dachte er, ein Taxi teilen und während der halbstündigen Fahrt gegenseitig auf den neuesten Stand bringen. Doch, wie eigentlich nicht anders zu erwarten, war sein Lohn fürs Warten eine flapsige Bemerkung darüber, dass er »völlig verspult« sei, dann wurde er komplett ignoriert. Auch hätte es ihn im Grunde nicht erstaunen dürfen, als Julian, während sie aus dem Bootstaxi kletterten, auf seine typisch gleichgültige Art fragte: »Es macht dir doch bestimmt nichts aus, ausnahmsweise die Zeche zu übernehmen, oder?« Er habe am Flughafen nicht die Gelegenheit gehabt, zum Geldautomaten zu gehen, fügte er erklärend hinzu – *Doch, hattest du,* lag Nate auf der Zunge – und würde Nate seinen Anteil, wenn sie heute mit der ganzen Gruppe zum Abendessen gingen, zurückbezahlen.

Jedenfalls weiß Nate bereits, als sich die beiden Frauen einen Weg durch die Menge auf ihn zu bahnen, dass er auf sich selbst angewiesen ist. Die Unscheinbare ist zuerst bei ihm, streckt beherzt wie ein Mann die Hand aus und verkündet, sie heiße Evelyn, er könne sie aber auch schlicht und einfach Eve nennen, wenn ihm das lieber sei. Nate, der sich fragt, warum ihm das lieber sein sollte, ergreift ihre Hand und heuchelt Entzücken, ihre Bekanntschaft zu machen. Eve hat das Haar angesichts ihres Alters – Anfang sechzig, mutmaßt Nate, obwohl er noch nie gut darin war, das Alter einer Frau zu schätzen – praktisch kurz geschnitten und trägt eine Art Jogginganzug, wenngleich ihrer ein wenig eleganter und vielleicht sogar teuer ist als die handelsüblichen. Sie erweckt alles in allem den Eindruck, eine Frau zu sein, die früher einmal viel Wert darauf legte, gut bei Männern anzukommen, aber sich eines Morgens beim Erwachen sagte, *Scheiß drauf*, und sich sofort besser fühlte. Auch ist sie eine dieser Frauen, fürchtet Nate, die überzeugt sind, stets zu wissen, was am besten für andere Menschen ist. Wenn sie jemanden erblickt, der ganz offensichtlich in Ruhe gelassen werden möchte, ist sie umso entschlossener, ihn in die Gruppenaktivitäten einzubinden, die sie sich ausgedacht hat. Das Wort, mit dem sie beschreibt, was ihr vorschwebt, lautet mit hoher Wahrscheinlichkeit *Spaß*. Was es garantiert nicht machen wird, dessen ist sich Nate sicher.

Ihre Begleiterin – sie stellt sie ihm als Renee vor – bildet dagegen einen reizvollen Kontrast zu ihr. Groß und schlank und fohlenhaft ungeschickt wirkend, trägt sie einen langen, fließenden Rock zu einer ärmellosen Seidenbluse und hat einen farbenfrohen Schal um die zarten Schultern drapiert. Sofern sich Nate nicht täuscht, ist lähmende Angst ihr ständiger Begleiter. Ihre Hände sind wie zwei rastlose Vögel, ständig bereit, die Flucht zu ergreifen. Und als sie ihm die rechte entgegenstreckt, zögert er zunächst, weil er fürchtet, es sei nicht möglich, etwas so Zartes zu ergreifen, ohne es zu beschädigen. Aber natürlich passiert nichts, und plötzlich wird er von einer so heftigen Dankbarkeit überwältigt, dass er wieder in der Lage ist, sich eine Zukunft vorzustellen, ein ganzes neues Leben – eines, das der Aufgabe gewidmet ist, dieser reizenden Frau zu zeigen, dass es absolut nichts gibt, wovor sie Angst haben muss. Ein merkwürdiger Gedanke für einen Mann unter diesen Umständen, aber in Anbetracht von Nates Wesensart nicht allzu überraschend. Gegenüber attraktiven Frauen hat er schon immer zu vorschnellen Schlüssen geneigt; er wünschte, es wäre anders. Die Erfahrung hat ihn gelehrt, dass die Dinge in der Regel gern bleiben, wie sie sind.

»Und«, fragt Evelyn, nachdem sie sich bekannt gemacht haben, »sind Sie Kunst- oder Venedig-Liebhaber?« Offenbar halten sich diese beiden Kategorien in der Reisegruppe ungefähr die Waage.

Nate atmet tief ein und erklärt dann, dass er zu seinem Bedauern weder der einen noch der anderen Fraktion zuzuordnen ist. In Sachen moderner Kunst nach Pollock sei er völlig unbeleckt. Herumgekommen sei er allerdings schon ein wenig, unter anderem sei er als Leiter des Auslandsstudiumsprogramms an seiner früheren Universität in Salamanca, Lyon, Cork und London gewesen, wo es ihm am besten gefallen habe, aber nach Italien sei er noch nie gereist. Mehr als einmal sei er versucht gewesen, wenn die feuchte Kälte in England oder Irland ihm bei seinen jeweiligen Aufenthalten zu schaffen machte, einen billigen Flug nach Pisa – für einen Abstecher nach *Cinque Terre* – zu buchen oder nach Rom oder an die Amalfi-Küste, habe es aber dann doch nicht getan, denn er neige nun einmal nicht zu impulsiven Handlungen. Um die Wahrheit zu sagen, fühle er sich kläglich unvorbereitet sowohl auf die Biennale als auch auf Venedig. Um sich auf Letzteres vorzubereiten, habe er ein wenig Henry James und Ruskin gelesen. (Er muss sich wie ein unerträgliches Arschloch anhören, denkt Nate, nachdem er den Namen Ruskin hat fallen lassen, als wüssten diese beiden Frauen, wer das war, und als sei die Welt von Anglistikprofessoren bevölkert.) Vielleicht weil es so lange her ist, dass er sich zuletzt mit jemandem unterhalten hat, schießen diese persönlichen Informationen schwallartig aus ihm heraus wie Wasser durch einen gebrochenen Damm. Er würde es ihnen nicht verübeln, wenn sie auf dem Absatz kehrtmachten und das Weite suchten. Tatsächlich wünschte er fast, sie täten es. »Oh, und im Flugzeug habe ich nochmals *Der Tod in Venedig* gelesen«, fügt er hinzu, »was mich nicht gerade aufgeheitert hat.«

Diese Bemerkung hat er nicht als Scherz gemeint, aber so kommt sie an, jedenfalls bei Evelyn, die ein lautes, anerkennendes Lachen vernehmen lässt. Ihre Begleiterin zeigt hingegen ein Lächeln, das zugleich reizend als auch schwer zu deuten ist: das Lächeln von jemandem, der vielleicht gar nicht vorgehabt hat zu lächeln, der es nicht mehr gewohnt ist und erstaunt feststellt, dass seine Gesichtsmuskeln noch immer funktionieren.

»Gut«, verkündet Evelyn, als hätte Nate dank seiner launigen Bemerkung eine Art Test bestanden. »Nachher im Restaurant setzen Sie sich zu uns.«

Und genau das tut er, da Julian offenbar vergessen hat, dass Nate auch da ist. Die laute, ausgelassene Gruppe nimmt die beiden großen Tische ein, die in dem bislang noch leeren Restaurant für sie gedeckt sind. Sein Bruder sitzt neben Bea und deren Mann und einem beleibten buckligen Menschen namens Bernard an der Stirnseite des anderen Tischs, und er quasselt genauso drauflos wie mit dem Fahrer des Wassertaxis. Während er Julian beobachtet, kommt Nate zu dem

Schluss, dass er nichts von der Sache mit Opal Mauntz weiß. Selbst *er* wäre nicht so gefühllos, ihn an ihrem ersten Abend der Gesellschaft zweier wildfremder Menschen zu überlassen, wenn er wüsste, was Nate vor nicht allzu langer Zeit durchgemacht hat, oder?

Während des Abendessens erfährt Nate eine Menge über seine zwei neuen Bekannten. Beide Frauen sind geschieden. Evelyn, die ein paar Jahre älter ist, hat ihrem Mann vor einiger Zeit den Laufpass gegeben und scheint eindeutig zufrieden zu sein mit dieser Entscheidung. Ihren Ex, den sie vermutlich einmal geliebt hat, sonst hätte sie ihn ja nicht geheiratet, nennt sie mittlerweile nur noch den »Schwachkopf«. Renees Scheidung liegt noch nicht so lange zurück und muss, wie Nate vermutet, ihrem labilen Selbstwertgefühl zusätzlich zugesetzt haben. Allem Anschein nach ist für sie der Zweck dieser Reise, sich wieder in die Welt hinauszuwagen, aus der sie sich willentlich zurückgezogen hat, womit sie zumindest eine Gemeinsamkeit hätten. Als sich das Gespräch seinem Familienstand zuwendet, gibt Nate an, er sei mit seinem Beruf verheiratet. Ob er nie versucht gewesen sei, sich ernsthaft auf eine Frau einzulassen?, will Evelyn wissen, offenbar um sicherzustellen, dass er nicht schwul ist. Nun, als junger Mann sei er mit einer Frau namens Brenda verlobt gewesen, erzählt er. *(Und, was ist passiert?)* Sie habe stattdessen seinen Bruder geheiratet. *(Nein!)* Doch, aber die Ehe habe nicht lange gehalten. *(Besonders nachtragend können Sie dann ja nicht sein.)* Nate überlegt zu widersprechen, belässt sie aber in diesem Glauben. Wobei er es weder Julian noch Brenda verübelt hat, das stimmt. Sie hatten sich nun mal ineinander verliebt, solche

Dinge passieren eben. Im Übrigen, sagt Nate, in der Hoffnung, so das Thema wechseln zu können, sei seine wahre Liebe seit jeher Jane Austen gewesen. Renee sieht ihn einen Moment lang erwartungsvoll an, doch dann macht es Klick: Jane Austen ist eine berühmte Schriftstellerin und längst tot. In diesem Moment wäre sie am liebsten ebenfalls tot, da ist sich Nate sicher, derart hilflos wirkt sie angesichts eines solch harmlosen Fauxpas. Nate würde sie am liebsten in seine Arme ziehen und ihr versichern, dass alles okay sei. Wieder wundert er sich über diesen Drang, dergleichen zu einer Frau zu sagen, die er kaum kennt – zumal er an den meisten Tagen größte Mühe hat, sich selbst davon zu überzeugen.

Irgendwann im Lauf des Abendessens stellt Nate fest, dass er zu viel Rotwein getrunken hat, was in Verbindung mit seinem Antidepressivum nicht ratsam ist, und dass ihm das egal ist. Seit einer halben Ewigkeit amüsiert er sich wieder einmal. Das Essen schmeckt ihm ausgezeichnet, und von dem Chianti kann er gar nicht genug kriegen. Kann es sein, dass sich seine Depression zu guter Letzt doch noch verabschiedet? Oder der Arzt, der diese Diagnose gestellt hat, ist ein Idiot, und er war einfach nur vorübergehend niedergedrückt. Jetzt weiß er, dass es ein Fehler gewesen ist, Ambien einzunehmen. Sicher, das Mittel hat ihn einigermaßen schlafen lassen, aber ihn auch verdrießlich gemacht und sein Gefühl des persönlichen Scheiterns noch verstärkt; obendrein hat es ihn so träge werden lassen, dass er sich nicht mehr selbst aus seiner Lage herausretten konnte. Also ist es vielleicht auch an der Zeit, das stimmungsaufhellende Mittel abzusetzen. Denn heute Abend, in Gesellschaft dieser beiden Frauen, flirtet er sogar vor lauter Glück oder jedenfalls angesichts der Möglichkeit, wieder glücklich zu sein. Doch kaum ist ihm dieser Gedanke durch den Sinn gegangen, fragt er sich, wie lange dieses Gefühl wohl andauern kann, was es wieder verpuffen lassen wird, genau die defätistische Einstellung, die er doch ein für alle Mal verscheuchen wollte. Genau das, wird ihm jetzt klar, hätte er Julian gern in dem Wassertaxi erklärt. Nicht, was ihm mit Opal Mauntz passiert ist, sondern dass er das ganze letzte Jahr über einfach nicht er selbst gewesen, jetzt aber umso entschlossener ist, seine Lethargie abzuschütteln und endlich wieder in die Welt der Lebenden zurückzukehren. Er ist es leid, sich zu verstecken. In diesem Moment sieht er wieder zum anderen Tisch hinüber und bemerkt, wie sein Bruder Bea etwas ins Ohr flüstert, die laut verkündet: »Oh, das ist eine großartige Idee!« Als sie aufsteht, tippt Julian mit seinem Löffel ans Weinglas, um die anderen um Aufmerksamkeit zu bitten, und sofort wird es Nate wieder schwer ums Herz. Er hätte sich gar nicht erst fragen dürfen, wie lange sein neu gewonnenes Wohlgefühl andauern würde. Diese Frage hat prompt eine Antwort heraufbeschworen. Die Gruppe wird sich zum Dessert neu konfigurieren, sodass die Teilnehmer die Gelegenheit haben, jene kennenzulernen, deren Bekanntschaft sie noch nicht gemacht haben.

»Mist«, sagt Evelyn, als dies verkündet wird. »Wo wir uns gerade so gut amüsieren. Okay, Leute, wir stellen uns einfach tot. Vielleicht geht dann der Kelch an uns vorüber.«

Aber es ist bereits zu spät. Alle anderen Stühle werden zurückgeschoben, und im nächsten Moment spürt Nate eine

Hand auf seiner Schulter. Er muss gar nicht erst aufblicken, um zu wissen, dass es die seines Bruders ist.

Aber zu seinem Erstaunen begleitet ihn sowohl das wohlige Gefühl, das ihm der Rotwein beschert hat, als auch seine frische Zuversicht zum anderen Tisch hinüber, wo er neben einer Frau zu sitzen kommt, die gerade von ihrem Provider eine dringende Textnachricht bezüglich ihrer bedrohlich hohen Datenübertragungskosten erhalten hat – offenbar verursacht von ihrer Tochter, die ihr Dutzende Fotos von ihrem neu geborenen Enkel gemailt hat. Nate, der eigens für diese Reise sein uraltes Klapphandy gegen ein »smartes« Modell eingetauscht und dafür eine Einführung erhalten hat, zeigt ihr, wie sie das Daten-Roaming ausschalten kann, und wird prompt mit einem ihm gewidmeten Trinkspruch belohnt. Erneut nach den Beweggründen für diese Reise gefragt, wiederholt er das, was er schon Evelyn und Renee erzählt hat, einschließlich des Umstands, dass seine Lektüre von *Der Tod in Venedig* auf dem Flug ihn nicht aufzuheitern vermochte, und erntet erneut ein wohltuendes Lachen. In Gedanken ist er jedoch immer noch halb am ersten Tisch, wo sein Bruder, der dort herrschenden Heiterkeit nach zu urteilen, gut ankommt. Notgedrungen bemerkt Nate, dass das Lächeln der reizenden Renee, das vorhin, als er noch dort saß, zwar erwartungsvoll, aber doch recht zaghaft war, jetzt wesentlich häufiger, zuversichtlicher und strahlender ist. Es mag aber auch sein, dass es dem charismatischen Klaus geschuldet ist, der nochmals seine Geschichte über die Kinder der Huren im fünfzehnten Jahrhundert zum Besten geben muss, deren liebliche Stimmen hinter den Wandschirmen hervor erklangen.

Auf dem Spaziergang zurück ins Hotel lässt sich Bea etwas zurückfallen und geht plötzlich neben ihm. Evelyn und Renee und Julian marschieren Arm in Arm voraus, sein Bruder in der Mitte, und ihr Lachen hallt von den abbröcklenden Mauern Venedigs wider. »Ich kenne sie fast schon mein ganzes Leben lang«, sagt Bea im Flüsterton. Offenbar ist ihr nicht entgangen, dass sein Blick während des Desserts immer wieder zum anderen Tisch hinüberwanderte. »Sie ist eine wunderbare Frau.«

»Ja«, erwidert Nate und wird sich im selben Moment bewusst, dass sie von Evelyn spricht und nicht von Renee. Wobei er ja wohl kaum das Missverständnis klarstellen kann. Im Übrigen bemerkt Bea in diesem Moment, dass der bucklige Bernard zurückgefallen ist und den *campo* in die falsche Richtung überquert. »Hallooo!«, ruft sie. »Hier sind wir, Bernard! Hier lang!«

Später, mitten in der Nacht, weckt eine Sirene Nate auf, und eine Zeit lang ist er orientierungslos, mit seinem schmerzenden Kopf wieder in Massachusetts zurück. Er steht auf und geht zum Fenster, halb in Erwartung, den Schein von Flammen in dem Kanal darunter gespiegelt zu sehen, aber das Wasser liegt schwarz und reglos da. Hat er etwa wieder diesen Feuertraum gehabt? Falls ja, so ist es das erste Mal seit vielen Jahren. Als Julian und er noch klein waren, schlief ihre Mutter einmal mit einer brennenden Zigarette ein und sorgte so dafür, dass das schäbige Haus, in dem sie zur Miete wohnten, niederbrannte und sie beinahe in den Flammen umgekommen wären. Seitdem muss er immer an Feuer denken, wenn er eine Sirene hört. Übrigens war das Buch, das er auf dem

Flug las, gar nicht von Thomas Mann, sondern handelte von dem Brand, der vor einigen Jahren Venedigs berühmtes Opernhaus La Fenice in Schutt und Asche legte. Warum hatte er den Frauen diesbezüglich eine Lüge aufgetischt, zumal sie ihm im Grunde nichts eingebracht hat? Er fragt sich, ob das Lügen – das gewohnheitsmäßige Lügen – womöglich Teil dessen ist, woran er leidet. Nachdem ihm eine klinische Depression bescheinigt worden war, begann er, darüber zu lesen; offenbar handelt es sich dabei um eine Art chemisches Ungleichgewicht im Gehirn, eine Erklärung, die für ihn ganz und gar nicht zufriedenstellend ist. Aber wahrscheinlich haben Anglistikprofessoren von Haus aus eine größere Affinität zu moralischen und symbolischen Diagnosen als zu medizinischen.

Wieder im Bett, liegt er lange wach und grübelt darüber nach, was diese Sirene – die aus der Ferne noch immer zu hören ist – wohl zu bedeuten hat. Beim Abendessen oder auf dem Rückweg ins Hotel sagte jemand – Klaus oder Bea? – etwas über Sirenen, aber was genau? Schließlich fällt es ihm wieder ein: *acqua alta*. Auch in der Broschüre, die sie beim Einchecken ins Hotel bekommen haben, wird darauf hingewiesen – dass eine Sirene ertönt, wenn das Hochwasser die Straßen zu überflutet droht. Komisch, dass ihm sein Instinkt beim Klang der Sirene die Gefahr von Feuer eingeflüstert hat, wo die tatsächliche Bedrohung doch von Wasser ausgeht. Nicht nur von etwas anderem, sondern von etwas diametral Entgegengesetztem. Ebenso merkwürdig ist die Tatsache, dass ein Mann, der verzweifelt versucht, sich aus einem tiefen schwarzen Loch zu befreien, Tausende Meilen weit reist in eine Stadt, die unterzugehen droht.

Gerade als er dabei ist einzuschlafen, vibriert auf dem Nachttisch sein neues Handy, dessen Display das Zimmer gespenstisch erleuchtet. Das Gerät will von ihm wissen, ob es seinen aktuellen Standort nutzen darf. Unfähig, aus dieser ungebetenen Frage schlau zu werden, schaltet er das Handy ganz aus, das Display erlischt exakt im selben Moment wie das Heulen der Sirene, und schläfrig grübelt er über einen möglichen Zusammenhang nach, den es natürlich nicht gibt.

Apropos Zusammenhang – sein letzter Gedanke vor dem Einschlafen gilt den Kindern der Prostituierten, die so wunderschön sangen. Wie mussten sie sich gefühlt haben hinter ihren Wandschirmen? Empfanden sie es als gütigen Akt, dass allein ihre Stimmen dieser anderen Welt dargeboten werden sollten? Aber warum sollten diese privilegierten anderen von dem Anblick ihrer Missbildungen verschont bleiben, für die sie als Opfer nichts konnten? Ist es besser, ganz von den anderen gekannt zu werden oder das zu verbergen, was einen liebensunwürdig macht?

SCHLAFGÄNGER
(Auszug)

Dorothee Elmiger

Nachdem ich mein Studium abgeschlossen hatte, sagte die Übersetzerin, reiste ich nach Europa. Allerdings überquerte ich das Meer zwischen den Kontinenten per Schiff und in Begleitung meiner Germanistikprofessorin, die an außerordentlicher, an immenser Flugangst litt und deshalb die Reise nach Deutschland einmal im Jahr auf dem See- und Landweg unternahm. Den größten Teil der Überfahrt verbrachte ich in einem kleinen Salon, der sich direkt unterhalb der Brücke befand und mit dunkel lackiertem Holz getäfelt war, dort saß ich tagsüber und las oder unterhielt mich mit den wenigen Passagieren, die sich ebenfalls an Bord des Frachtschiffs befanden, meist nickte ich am frühen Nachmittag in meinem Sessel ein und schlief einige Stunden, denn fast jede Nacht lag ich wach in meiner Kabine, die sich mehrere Etagen tief im Bauch des Schiffes befand und von einem intensiven Geruch beherrscht war, dessen Quelle ich während der ganzen Fahrt nicht ausmachen konnte. Die Professorin frühstückte morgens meist ausgiebig und spazierte dann nachmittags mit einigen Passagieren, die ihr bereits von früheren Fahrten bekannt waren, über Deck, sie schien in diesen Tagen ganz gelöst, ja sogar fröhlich zu sein und sich keinerlei Gedanken über mögliche Komplikationen zu machen, obwohl sie sich, als wir an Bord gegangen waren, noch argwöhnisch nach dem Baujahr des Schiffes erkundigt und den Aushang an der Rezeption, der die Fluchtwege für den Notfall erläuterte, genau studiert hatte. Mich hingegen hatten diese Pläne und die Rettungsübung, die wir, kaum war die Küste außer Sichtweite, zusammen mit der Besatzung durchführen mussten, erst darauf aufmerksam gemacht, dass dieses Schiff möglicherweise in einen Sturm geraten, dass es auflaufen könnte, dass es möglicherweise schwache Stellen hatte, dass wir alle nun festsaßen zwischen den Kontinenten. Abends war ich vor Müdigkeit und Angst oft ganz aufgekratzt und redete ohne Unterlass auf Deutsch auf die Passagiere ein, die ebenfalls an unserem Tisch speisten, gewisse Verhältnisse und Umstände schienen mir plötzlich absolut einzuleuchten, in aller Deutlichkeit zeigten sich mir Zusammenhänge, und auch die deutsche Sprache ging mir leicht über die Lippen, zu dieser Zeit war ich mir sicher, dass diese Einsichten und Veränderungen mit der Fahrt über den Atlantik an sich in Verbindung stehen mussten. Was hat dieses Schiff geladen, rief ich am dritten oder vierten Abend plötzlich aus, und während die Passagiere die Schultern zuckten und meinten, sie wüssten es nicht genau, war ich mir sicher, in diesem Moment einen empfindlichen Punkt getroffen zu haben. Was lässt sich über die Besatzung sagen, fuhr ich fort in meinem Aufruhr, was wissen wir über Herkunft, Alter, Geschlecht der Besatzung, rief ich in die Runde und hinderte mich gerade noch daran, zu verkünden, alles stehe doch in einem Zusammenhang, und mit alles sei tatsächlich die ganze Welt gemeint.

DER BERICHT EINER REISE

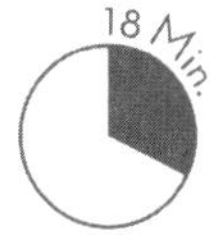

Lorenz Just

Ich habe aufgehört … nein, es gibt keinen Grund, habe es beendet, einfach so. Von Anfang an, und ich meine, vom ersten Buchstaben an, habe ich immer geschrieben, ein Buchstabe, zwei Buchstaben, drei, zuerst ohne zu wissen, wofür, welche Laute. Seiten voller Buchstaben, über das Blatt verteilt wie Hagelkörner oder Kratzspuren. Immer neue kamen dazu, sie wurden mir vorgelegt, ich habe sie angeschaut, sie mit der Fingerspitze nachgezeichnet, dann begriffen, dann gemalt, dann geschrieben. Ich habe sie aneinandergereiht, ohne zu grübeln, jeden für sich, einen nach dem anderen, dann laut aufgesagt, buchstabiert, später in einem langen Ton, bis sich Worte aufdrängten. Da lernte ich, dass das, was die Menschen sprachen, das Geschriebene war, und ihre Sprache fiel mir zu, von Jahr zu Jahr neue Worte, Wendungen, Satzkonstruktionen, ich schrieb alles auf, zuerst auf Zeichenpapier, das ich, kaum gekauft, flächendeckend beschrieben hatte, unleserliche Krakel oder Reihen von Ziffern oder winzig klein geschriebene Anekdoten, bis ich nicht mehr wusste, wohin mit mir und meinen Filz-, Bunt- und Wachsmalstiften oder meinem ersten Füllfederhalter, den mein Vater mir geschenkt hatte, nachdem ich ihn wiederholt von seinem Schreibtisch gestohlen hatte. Angesichts der DIN-A4-Seiten, Malblöcke und Zettelhaufen überließ er mir, als ihm ein neuer bewilligt wurde, seinen taubengrauen Dienstcomputer, der rauschte und zitterte, wenn er endlich bereit war und ich mich über die Tastatur krümmte. Merkwürdig sortiert lagen sie vor mir, sämtliche Buchstaben und Zeichen, Punkte, Striche, Kreuze, und die weiße, endlose Seite leuchtete ungeduldig. Ich schrieb erst auf, dann erzählte ich, oder andersherum, mein Vater hörte zu, meine Mutter, meine Geschwister, Freunde, Bekannte, mein lebenslanges Tagebuch, in dem alles passierte, die Zeit ist zu kurz geworden, es noch vorzulesen, ich erinnere mich an Absätze, Seiten oder nur Sätze. In einer mondhellen Nacht stieg ich aufs Fensterbrett, kletterte die Weinreben hinab, pflückte im Hangeln volle Trauben und stopfte sie mir in den Mund, samt Stängeln, Kernen, Käfern, Nachtfaltern und Regendreck, zerkaute alles, schluckte, mir wurde nicht schlecht. Vor dem Haus war ein Schotterweg, dort hielt ich inne und lauschte. Ich hörte meinen Computer brummen, aus dem offenen Fenster heraus, aber ich dachte ja, es wäre nur für einen Augenblick. In Amerika war ich sofort beliebt, niemand ahnte, dass ich nur ein weiterer Ausreißer war. Die Behörden suchten mir eine Schule, und ich ging hinein, in das riesige, flache Gebäude, das nicht zu überblicken war, so weitläufig lag es in der Ebene. Ich lief die Gänge entlang, an den Jungen und Mädchen vorbei, die an ihren Spinden standen und ihre Bücher wegschlossen. Ich trank Wasser aus einer Fontäne, so wie ich es bei den Einheimischen beobachtet hatte: mit weit offenem Mund. Harmonie herrschte draußen auf den Sportplätzen, wo wir spielen durften, gegeneinander, miteinander oder jeder für sich allein. An den Wochenenden wurden Querfeldeinläufe organisiert; auf schmalen Pfaden, die sich in einem winzigen Waldstück kringelten, rannten wir, ohne je die Sicht- und Rufweite des Lehrkörpers zu verlassen. Bis ich über eine Wurzel stolperte, durch dichtes Gebüsch in einen Straßengraben stürzte, mich gerade so auf den Beinen hielt und nicht aufhören konnte zu laufen. Niemand wunderte sich über einen Jugendlichen im Sportoutfit, der am Straßenrand sein Training absolvierte, keiner sah, woher ich kam oder wie weit ich es schon gebracht hatte, in den Augen der Vorgartenhüter hatte ich immer erst ein zu kurzes Stück geschafft. Als ich die Stadt hinter mir ließ, wurde ich langsamer und spürte den Zugriff der Natur, die sich hier noch nicht der Zivilisation ergeben hatte, sondern Häuser, Autos und all den Schrott verschlang. Sie war auch hinter mir her, der diesen Teil der Welt unerlaubt betreten hatte. Ich lief und lief, aber die Straßen verloren sich im Unterholz, zahllose Male musste ich umkehren, zurück zur letzten Kreuzung. Ich ernährte mich von Früchten und Gräsern und trank Wasser aus schlammigen Pfützen, meine Notdurft verrichtete ich ohne Scham, ich pinkelte im Gehen und genoss die Wärme meines Urins, der an meinen Schenkeln hinabfloss, oder hockte mich hin, ein brauner Saft war alles, was von meinem täglichen Fraß übrig blieb. Ich traf niemanden, keine Affen, keine Rehe, kein zutrauliches Tier, das mir die Menschen hätte ersetzen können. Wenn ich mich am frühen Abend in eine mit Blättern ausgelegte Mulde zum Schlafen zurückzog, dachte ich an früher, als alles noch geordnet war und mein Vater und meine

Mutter immer bereit waren, das Schlimmste von mir abzuwenden. Das andere Ende der Welt, flüsterte ich und schloss die Augen. Mit der Dämmerung brach ich auf, erschöpft von wahnhaften Träumen, in denen ich eine vibrierende Welt gesehen hatte, die jeden Augenblick zerstieben würde – ihre unendlichen Atome warteten noch auf eine Idee, einen Vorschlag, eine Ahnung, die sie in der nächsten Welt erfüllen könnten, aber da war nichts, rein gar nichts, und sie blieben, wo sie waren. Ich folgte einem breiten Flussbett, das längst kein Wasser mehr führte, und kam in eine trockene Gegend. Wolken zogen über sie hinweg, aber Regen fiel nie. Hier fand ich einen offenen Verschlag, in dem Streifen von Fleisch und halbierte Fische zum Trocknen aufgehängt waren. Ich riss mir von beidem herunter und warf mich auf ein Lager aus Stroh, beruhigt, dass ich nun bald wieder auf Menschen treffen würde. Aber kaum war ich satt, heulte ein Durst auf, so flehend und unnachgiebig, dass ich mich aufraffte und auf die Suche nach Wasser begab. Ich folgte der tiefsten Rinne im Flussbett, balancierte über weiße, zu Kugeln geschliffene Steine, die unter meinen Füßen ins Wanken gerieten, ich sprang in leere Gumpen hinab und kletterte auf der anderen Seite wieder hinauf. Es gab nichts Totes und nichts Lebendiges, nur feinen Wüstenstaub, der alles auf gleiche Weise färbte. Obwohl ich längst am Ende meiner Kräfte war, begann ich zu rennen, ich rannte und rannte, war aber kaum vom Fleck gekommen, als mein Körper versagte. Ich rang nach Luft, sackte in die Knie, stürzte kopfüber und atmete Staub ein. Es wird nicht enden, so nicht, dachte ich, und wirklich: Etwas trat heran, ich hörte, wie Sand unter schweren Schritten knirschte. Es gelang mir, mich auf die Seite zu wälzen und meinen Kopf zu heben. Die Silhouette einer Menschengestalt ragte in den blassen Wolkenhimmel, die langen Arme hingen hinab. In der Hand hielt sie einen Pfeil, sie beugte sich mir entgegen und drückte die scharfe Spitze gegen meine Stirn. Tropfen dicken Blutes quollen hervor, liefen über meine Nase und benetzten meine Lippen. Voller Zorn versuchte ich zu schreien, keuchte, dann griff ich nach dem Pfeil und entriss ihn der Hand. Ich bäumte mich auf und schlug ihn in den sandigen Boden. Er durchbrach eine harte Kruste, unter der sich Nichts oder etwas Weiches, Durchlässiges befand, und sank bis zum Schaft ein. Weißer, kühler Schaum schoss mir entgegen. Während ich lange Zeit meinen Durst stillte, stieg das Wasser, hob mich auf und trug mich weiter. Vor den Toren einer majestätischen Stadt wurde ich an Land gespült. Ich schlich den schmalen Uferstreifen entlang, bis ich unter einer Brücke eine Reihe gut gepflegter Schlafplätze fand, von den Besitzern fehlte jede Spur. Ich rollte mir einen Schlafsack aus und legte mich auf eine wärmende Matratze aus Karton, eine Flasche steckte griffbereit in einem gut geschnürten Bündel von Lumpen, ich nahm einen Schluck, hustete, nahm den nächsten Schluck, hustete, spürte wie mein Körper erzitterte, dann von einer Wärme durchrollt wurde, bis in die Fingerspitzen, unter die Kopfhaut, ich setzte die Flasche an und trank Schluck für Schluck. Von da an war ich nicht mehr allein, die Menschen kehrten zurück, setzten sich an ihre Plätze, meine Nachbarn fragten mich, wer ich sei, woher ich käme. Und ich wollte zu ihnen sprechen, wollte alles erzählen, ausschmücken, wiederaufleben lassen, doch meine Zunge war schwer, mein Blick trübe, nichts kam mir über die Lippen außer urigen Lauten, die keinen Sinn ergaben. Ich versuchte zu artikulieren, öffnete den Mund weit, bewegte meine Kiefer auf und ab, ohne Erfolg, ich sah es in ihren traurigen Gesichtern, sie hatten gehofft, endlich etwas zu erfahren, Nachricht zu erhalten aus einer unentdeckten Welt, doch ich brachte nichts hervor außer lautem Schmatzen und einem plumpen Singsang. Ich schloss die Augen, irgendwo tief in meinem Inneren herrschte Klarheit, und jeder Gedanke war ein korrekter Satz, der sich sinnvoll auf seinen Vorgänger bezog, ich wusste es, und doch war ich zu schwach, zu benommen, um zu diesem Kern vorzudringen. Da spürte ich, wie ich in kaltem Schlick versank. Noch bevor ich erwachte, träumte ich, dass ich in einem hell erleuchteten Raum die Augen aufschlug, mein Körper auf wunderbare Art von allem Unrat, Staub und Schlamm gereinigt war, auch mein Blut war gereinigt, auch meine Vergangenheit, auch mein unsteter Charakter. Ich stand auf und befand mich in einem Raum, der nur von wolkenartigen Schleiern gebildet wurde, ich näherte mich der blendend weißen, duftenden Wand, bückte mich und schlüpfte unter ihr hindurch, ich durchschritt zahllose solcher Trennwände von Schleiern, die aus rotem und grünem Samt, aus Rubinen und Smaragden, aus Schnee, Hagel und Nebel, aus Dunkelheit und Feuer gewoben waren. Zuletzt stand ich vor einem Vorhang, der nur aus dem anhaltenden Laut einer Stimme bestand, ich hörte zu, ich weiß nicht, wie lange. Als ich zum zweiten Mal erwachte, bedeckte mich eine schwere Schicht schwarzen Schlamms. In einem Anfall von Panik schrak ich auf, der Panzer, der mich halten soll, zerbricht, dachte ich und erhob meine

Hände zum Himmel. Ich war noch immer am Leben, und doch war nichts gewonnen oder verloren. Wieder erklomm ich die Uferböschung, um jetzt endlich in den schützenden Schatten der Stadt einzutreten.

Durch das hohe wie breite Stadttor kam ich auf einen Platz, von dem aus etliche Gassen, aber nur eine einzige mit Bäumen gesäumte Prachtstraße abgingen, und schrak zurück, so lang hatte ich sie nicht mehr gesehen, all die Menschen, die genau wie ich, wie vom Himmel gestürzt, auf diesem Planeten eine Heimat suchten. Über der Ecke eines niedrigen Quaders von kaltem Granit sank ich nieder und starrte auf meine offenen Handflächen; unter der Haut war mein Blut in schneller Bewegung, sie waren feuerrot, etwas passierte. Ich sprang auf, schüttelte meine Arme und Beine, beugte meinen Kopf einmal nach links und einmal nach rechts, drückte mein Kinn auf die Brust, dann lief ich geradewegs ins Dunkel der schattigen Gassen. Sie waren so eng, dass die Menschen in Reihen gehen mussten, einer nach dem anderen, und kein Sonnenlicht ihren Grund erreichte. Im fahlen Licht vereinzelter Laternen blickte ich auf einen feisten, behaarten Nacken, an einer Kreuzung, an der sich die Menschen angestrengt aneinander vorbeischoben, auf einen glänzenden, straff geflochtenen Zopf. Später sah ich über eine Gruppe von Kindern hinweg, wie ein junger Mann sich umwandte und mich ansah. Sofort wurde er vom vordersten der Kinder weitergedrängt, es schrie ihn an und stieß ihm die Hände gegen den Po. Wie gern hätte ich mich zu ihm hindurchgekämpft, es war unmöglich: Ein riesiger Mensch schlüpfte aus einer Tür und zwängte sich vor mich. Auf seinem nackten

Rücken erkannte ich das Bild einer verlorenen Jungfrau, sie war an einen Mast gefesselt und verschloss ihre Augen vor einem herankriechenden, ungeheuerlichen Fabelwesen. Als der Körper mein Blickfeld wieder freigab, kamen wir auf einen weiten Platz hinaus, der von der Stadt wie von einer unüberwindbaren Mauer umringt war. Menschengruppen standen um einige Statuen versammelt, die von weißem Leinen verhangen waren, andere saßen auf den Brüstungen ausgedehnter Brunnenanlagen. Die vom Wind verwehte Gischt der Fontänen traf mich ins Gesicht. Eine Frau stand knietief im Wasser, ihr Kleid gerafft in beiden Händen, sie blickte zum Himmel, ihre Lippen zuckten. Mich überkam ein starker Schwindel, ich taumelte, griff nach rechts und links ins Leere. Ich zählte bis drei, ich dachte ans Ende. Ich riss die Augen auf, zum letzten Mal, glaubte ich, da erkannte ich hoch oben auf den Dächern der Stadt die Menschengestalt und erstarrte. Auch sie erkannte mich, auf einer unsichtbaren Treppe stieg sie herab, der Wind zerrte an ihrem silbern schimmernden Umhang. Sie kam auf mich zu, ich sah ihr Gesicht, ihre Augen, ihren offenen Mund, ihre blitzenden Zähne, sie sank in mich ein, ich spürte, wie die Wärme ihres Körpers meine Brust, meinen Bauch, meine Arme und Beine, meine Lippen, meine Mundhöhle, meinen gesamten Kopf erfüllte, ich spürte, wie sie durch meinen Rücken wieder heraustrat. Ich drehte mich um: Der flüchtige Schatten einer Wolke jagte über die weißen Marmorplatten des Platzes dahin. Ich wusste, was zu tun war, und trat auf eine der Statuen zu, packte den derben Stoff und riss ihn herunter. Das Geschrei Tausender Singvögel brach los. In schlanken Käfigen, die die Form nackter Menschen hatten, hockten sie auf dünnen Querstreben und kreischten um ihr Leben. Ich griff in die dünnen Maschen, zog aus Leibeskräften, bis der Käfig sich zu neigen begann. Er würde stürzen, gleich, nur noch ein bisschen, dachte ich, aber sie hielten mich auf, die Menschen, die zuerst tatenlos zugesehen hatten, jetzt eilten sie auf mich zu, zerrten an mir, warfen sich gegen den kippenden Käfig, lösten einzeln meine Finger. Ich schrie auf, ein langer, schriller Ton, der mich wie auch die an mir Zerrenden überraschte, einen Augenblick lang rührten wir uns nicht. Dann packten sie mich nur noch fester. Ich gab allen Widerstand auf, beinahe wäre ich ihnen aus den Händen geglitten, so nachgiebig wurde ich, mein Körper weich und schlaff. Da fühlte ich, dass etwas von innen her meinen Mund öffnete, eine verborgene Gewalt, sie drängte hinaus, meine Zunge verkrampfte, sprang auf und ab, schlug gegen meine Zähne und Lippen, verursachte ein schmatzendes, kehliges Geräusch. Auf ihren Schultern trugen mich die Menschen rennend durch das Straßengewirr ihrer Stadt, während diese merkwürdige Rede aus mir tönte. Unter einem dürren Baum, der jedoch winzige hellgrüne Knospen trug, kam ich zu mir. Ich hatte nichts vergessen von dem, was vorgefallen war, mein Besuch in der Stadt, die Gestalt auf den Dächern, mein Angriff und die Stimme, die sich meiner bemächtigt hatte. Ich wiederholte einige der unverständlichen Phrasen, die mir wortwörtlich, wenn man es überhaupt so nennen konnte, in Erinnerung geblieben waren. Ein großer Stein rührte sich, seufzte, es war ein zusammengekauerter Mensch, der sich jetzt aufrichtete. Er lächelte mich an. Er war einer jener Eremiten, die zu Tausenden die Wüste bevölkerten und ihre asketischen Übungen praktizierten. Sie lebten jeder für sich allein, sie meinten, es sei besser so. Dieser aber lächelte mich an. Ich stand auf, streckte mich, dann brach ich einen langen, festen Knüppel aus dem dürren Baum. Ich trat auf den Eremiten zu, holte weit aus, brüllte, er rührte sich nicht, sondern blickte mir restlos ergeben ins Gesicht. Ein Hund jaulte, der Wind säuselte, ein Vogel schrie vom Himmel herab. Der Knüppel sank und fiel zu Boden. Ich war gestrandet, ausgestoßen aus der Welt. Die Rauchsäulen über den Schloten der Stadt schmückten wie ein schattenloser Wald den Horizont. Diese Steppe war zum Sterben gemacht, und doch hielt ich mich aufrecht und hatte Visionen.

Mehrere Tage vergingen in einer Art euphorischem Rausch. Ich lief umher, strich den Eremiten, die sich aus ihren komplizierten gymnastischen Übungen lösten, über ihre vertrockneten Schädel und dachte an Amerika. Nicht an das Amerika meiner Jugend, sondern das Amerika meiner Kindheit, ein winziges Dorf im Muldental, in dem mich zum ersten Mal jener fatalistische Sog ergriffen hatte:

An steile Felshänge gedrängt, war der Zug dem Flusslauf gefolgt. Die meisten Passagiere waren längst ausgestiegen; ich war allein in einem Sechserabteil zurückgeblieben und versuchte, die Uhrzeit am Stand der Sonne, die in den hohen Baumwipfeln am gegenüberliegenden Rand der Schlucht aufleuchtete, abzulesen. Bis der Zug mein Ziel erreichte. Unter den Augen eines groß gewachsenen, tief gebeugten Schaffners stieg ich aufs Trittbrett hinaus und setzte den Fuß auf einen Bahnsteig, der von atemraubender Stille beherrscht war. Erleichtert, endlich angekommen zu sein, legte ich meinen Kopf in den Nacken, mein Mund öffnete sich. Ich ließ ihn wieder sinken, und mein Mund schloss sich. Auf einer ebenso schmalen wie steilen Treppe durchquerte ich das Dorf und gelangte zu den oberen Berghängen, wo die Dorfbewohner sich umzäunte Gärten hielten. Mit unnachgiebigem Eifer pflegten sie diese jahraus, jahrein, doch wenn sie starben, ohne vorher einen Nachfolger bestimmt zu haben, verwahrloste alles binnen weniger Monate, die Grenzen zwischen Wegen und Beeten verschwammen, und die unterschiedlichsten Pflanzen verwuchsen zu einer einzigen grünen Masse, aus der nur die pechschwarzen Werkzeugschuppen wie unbemannte Fischerboote herausstaken. Auf einem dieser Grundstücke, dessen mir fern verwandter Besitzer von einer Auslandsreise nie zurückgekehrt war, wollte ich den Sommer verbringen. Sturm und Gewitter oder verzweifelte Plünderer hatten den verwitterten Lattenzaun längst niedergedrückt, sodass ich ohne Mühe über ihn hinwegsteigen konnte. Hier hatte schon seit Jahren niemand mehr für Ordnung gesorgt. Mit schwimmenden Bewegungen drang ich durch das Dickicht zu einer Gartenbank hindurch, die von hohem Gras umfasst war. Auf dieses Himmelbett ließ ich mich vorsichtig nieder, die morschen Streben knirschten, aber hielten stand, und schloss die Augen, um von der langen Fahrt auszuruhen. Während die zarten Spinnfäden erwachender Träume emporschossen, niederfielen, bis ihr engmaschiges Netz mich nach und nach restlos aus der Welt lösen würde, erreichte mich der Hauch einer Stimme, die leise säuselnd von meiner Zukunft berichtete. Die Stimme erzählte mir, aber ich vergaß. Schlaf überkam mich, der tief und dunkel war, tiefer und dunkler als alle Augen, die mich je anschauen würden, um mich zu ergründen oder von mir ergründet zu werden. Drei Tage saß ich im offenen Tor des Gartens, die Sonne brannte, und nur der löchrige Schatten eines alten Kirschbaumes schützte mich. Um mich herum arbeitete die Natur, ohne auf mich zu achten, allein die Stechmücken, die mit der Dämmerung kamen, wussten etwas mit mir anzufangen. Die Dorfbewohner, die mich doch gesehen haben mussten, als ich, der Fremde, ihr Dorf durchschritten hatte, suchten mich nicht. Mehrere Male hörte ich ihre dumpfen Stimmen, die ohne Absicht auch zu mir hinaufdrangen, wenn sie an den Ecken ihrer Häuser aufeinandertrafen und stehen blieben, um einen Schwatz zu halten, wie man in dieser Gegend zu sagen pflegte. Ich hatte gehofft, sie würden mir Früchte, Nüsse oder einen Teil ihrer Mahlzeiten bringen. Ich verbat mir, zu beten, im Geiste zu ihnen zu sprechen oder lauthals ins Tal hinabzurufen. Die Nächte vergingen in einem dumpfen, farblosen Schlaf wie unsichtbare Momente. Am Morgen des vierten Tages aber erinnerte ich mich plötzlich an einen Traum: Unter einem markerschütternden Schrei ohne Ursprung war die Rochsburg, das Wahrzeichen Amerikas, in sich zusammengestürzt, ganze Mauern, Türme samt Zinnen und Dachziegeln, sperrige Balken, das Mobiliar der Museumsräume und die riesigen Quader des Fundaments jagten den Hang hinunter, Dörfer, Kleinstädte, Kuhherden, Autobusse, Pkws und Menschen mit sich reißend, die ganze Region brach über dem ruhigen Flusslauf der Mulde zusammen, und eine Welle geriet ins Rollen, die die Berge ins Wanken brachte, schneller, als das Auge blicken konnte, schoss sie durch die engen Schluchten in Richtung des offenen Landes. Ich klammerte mich am Betonpfosten des Zaunes fest, mein Gartenfleck hielt sich noch, eine grüne Insel mitten im Untergang. Grashalme, vom Wind gepeitscht, strichen über meine Lippen. Ein Kitzel durchzuckte meinen Körper wie ein Blitz. Ich sprang auf, wischte mir den Schweiß von der nackten Brust, rieb mir die Wangen, rieb mir die Nasenflügel. In kurzen, aber schnellen Schritten rannte ich die steile Treppe hinab, die der einzige vertikale Weg durchs Dorf war, bis ich in einer Nische, in der ein Teelicht im roten Glas wild flackernd brannte, eine offene Tür fand. Ich trat in einen Vorraum, der nur vom weißen Schein eines Bildschirms erleuchtet war. Zwei winzige Figuren sprangen von Säule zu Säule, fingen Goldtaler ein, wichen Ungeheuern aus, kletterten Leitern hinauf. Eine der beiden stürzte in einen bodenlosen Abgrund, kurz darauf wurde die andere von einer Stichflamme erfasst. Auf einer niedrigen Couch im Zentrum des Raumes saßen die beiden Spieler und begannen von vorn. Ein Dritter, der noch auf seinen Einsatz wartete oder unbeteiligter Zuschauer war, lag seitwärts zu ihren Füßen auf einem schmalen Läufer oder einer ausgerollten Strandmatte – das schwache Licht rückte alles ins Ungefähre. Nur an der Stimme erkannte ich, dass es ein Mädchen war, es rief: »Was willst du? Was auch immer du willst, nimm es dir! Nimm, was du willst! Greif zu! Nimm es dir einfach! Nimm!«, und zeigte in die hintere Ecke des Raumes. Möglicherweise verwechselte es mich im Zwielicht mit einem anderen, dem herumirrenden Dorftrottel, einer verrückten Alten oder einem jugendlichen Einzelgänger, der mit niemanden sprach, doch vielleicht galt diese Gastfreundschaft wirklich mir; ich presste die Lippen aufeinander und riss die Augen weit auf, damit keine Tränen über ihre Lider schwappten, ich sog die abgestandene Luft ein wie kühles Quellwasser, dann tappte ich auf einen kleinen Tisch zu. Im Licht einiger Kerzen fand ich Würste, Brötchen, Blatt- und Kartoffelsalat, Limo, Senf und Gummitiere, Erdnüsse, Salzstangen, saure Gurken, aufgeschnittene Äpfel und Birnen, weiße Pappteller und weißes Plastikbesteck. Ich begann zu essen, zuerst schnell und hastig, dann aber ruhiger. Ich spürte, dass das Mädchen mich beobachtete, es beschützte mich, ich konnte mir Zeit lassen. Ich aß und aß, aber weder schienen die Schüsseln und Schalen sich zu leeren noch mein Magen sich zu füllen. Trotzdem schmeckte es, und ein Hunger wurde gestillt, den ich so in all den Jahren nie wieder zu spüren bekam. Noch immer stärkt mich dieses Mahl, es treibt mich vorwärts. Und sooft ich in die Irre gehe und nie weiß, wohin, laufe ich doch auf meiner mir vorherbestimmten Bahn wie ein unentdeckter Planet, auf dem Leben herrscht.

Bewegung war in das Heer der Eremiten gekommen. Ihre Blicke suchten die Stadt. Sie hatten sich die Köpfe geschoren, die Lippen blutig gebissen. Tagein, tagaus marschierten wir. Sie gaben mir Wasser und brachten mir auf Stöcke gespießte Eidechsen, sie fanden unter jedem Stein einen guten Bissen, eine Made, eine Heuschrecke, oft wusste ich nicht, was ich aß. Ich war ihr Anführer geworden, und doch waren sie es, die die Richtung vorgaben, indem sie ihre Signale von mir empfingen, ohne dass ich nur einen Fingerzeig gegeben hätte. Ich war mitten unter ihnen, es waren aberwitzige Gestalten. Ihre dem Himmel so schutzlos entblößten Schädel waren bald verkrustet von aufgekratzten Brandblasen. Ihre großen und allgegenwärtigen Augen – sie zwinkerten nie – stachen aus dem blutunterlaufenem Weiß hervor wie verfinsterte Sonnen. Sie waren einander gleich wie sonst kein Mensch dem anderen. Ich verstand nicht, auf welche Weise sie miteinander kommunizierten, sie blickten aneinander vorbei ins Nirgendwo, trotzdem bewegten sie sich in losen Reihen auf ihr Ziel zu. Sie alle wussten genau, wer ich war, oder zumindest meinten sie, etwas zu wissen. Ich gab mich hin, ich stellte keine Fragen. Ich war ein Fisch, der durch einen warmen, sonnendurchfluteten Ozean tauchte – weit über mir schimmerte die Wasseroberfläche wie ein Siegel aus Kristall. Tatsächlich trugen mich die Eremiten in einer Art Wüstensänfte, ich lag im Brustkorb eines gewaltigen Skeletts, einer Giraffe vielleicht oder eines Kamelhengstes, das auf einen dürren Baumstamm gebunden war. Im Schritt der Eremiten wippte ich auf und ab. Die meiste Zeit starrte ich in den Himmel, der über uns stand wie ein blinder Spiegel, keine Wolkenzeichen gab es zu deuten, keinen Vogelflug. Wenn ich mich aber aufsetzte und meinen Kopf zwischen den Spitzen der Rippenbögen hinausstreckte, konnte ich das Feld der Eremiten überblicken, ja, ich blickte über sie hinaus und erkannte weit hinter uns einen Ruderer, der sich im dichten Nebel mühte, unsere Spur nicht zu verlieren. Doch der Nebel war nur der Wind, der feinen Sandstaub über die Erde fegte. Und die schwankende Bewegung war keinem Wellengang, sondern einer Verletzung oder einem Geburtsfehler geschuldet: Der Mensch zog ein steifes, vielleicht totes Bein nach. Während ich versuchte, Genaueres zu erkennen, stoppte unser langer Zug. Wir warteten, wie es schien, auf ebendiesen Hinkenden. Die

Eremiten gaben eine Allee frei, an deren Rändern sie Spalier standen, mich setzten sie ab, in zweiter Reihe, und ließen ihn durch ihre Mitte stolpern. Ich verließ die Sänfte, schüttelte und streckte meine Beine und Arme, ein eiskalter Wind wehte von einem fernen Gebirge herab. Wir schlossen die Augen, atmeten ein und aus, und ein ruhiges Brausen ging durch das Heer. Der Hinkende röchelte. Ich zwängte mich durch die Reihen der Eremiten, ich sah noch den wankenden Rücken und seine Spur im Sand: Ein Fußabdruck folgte auf einen langen Strich und immer so weiter. Die Stadt schwebte über dem Horizont, ihre Tore standen offen. Die Eremiten ließen sich in komplizierten Sitztechniken niedersinken und bohrten ihre Hände in den Sand. Es verlief alles nach Plan, es gab kein Geheimnis und nichts, was ich tun konnte. Ein Schrei kroch mir auf die Zunge, prickelte auf meinen Lippen, ein ungehöriger, überlauter Schrei. Ich versuchte zu spucken, riss die Mundwinkel auseinander, schüttelte meinen Kopf. Dann setzte ich mich, gegen die Sänfte gelehnt, legte die Beine übereinander und die Hände auf meinen Bauch. Wie ein warmer Schauer durchfuhr mich nun eine absolute Ruhe, sodass ich fast darüber erschrak. Die Hände wurden mir so schwer, dass ich mit jedem Atemzug gegen ihr Gewicht ankämpfen musste. Ich wartete. Gern hätte ich für immer gewartet. Aber die Zeit war in Eile. Schon war er zurück, der ehemals Hinkende, jetzt die strahlende Menschengestalt. Sie kam auf mich zu, ließ mich keine Sekunde aus den Augen. Die Stadt lag hinter ihr. Nun würde ich alles erfahren, dachte ich, erhob mich, um ihr entgegenzutreten. Ihre Hände waren groß und kalt, wie ein enger Käfig umfassten sie meinen Kopf.

Ihr breiter Mund öffnete sich, Speichel, der zwischen Ober- und Unterlippe hing, zog einen Faden und zersprang. Ein kalter, stechender Tropfen traf mein Auge. Etwas knackte, als die Gestalt langsam meinen Kopf meiner rechten Schulter zubog. Ich roch ihren Atem, der süßliche Geruch ließ mich hoffen. Dann spürte ich ihre weichen Lippen auf meinem Gesicht, ein feuchter Ring stülpte sich von meiner Nasenwurzel bis über mein Kinn. Sie hauchte mir einen Rest warmer Luft ein. Da bäumte sich mein Körper auf, krampfte und zuckte. Es half nichts. Auf den glänzenden Augäpfeln der Gestalt erkannte ich die Reflexion meines gläsernen Blicks. Ich glitt durch ihre Hände, ich fiel, aber die Erde hielt mich nicht mehr. Für einen Augenblick angsterfüllt, dass nichts mehr kommen würde, dann traurig, dann ohne Gefühl. Überall um mich herum fielen die Menschen, jetzt sah ich sie. Da riss einer den Kopf noch hin und her, eine Frau stürzte spannungslos, das gesenkte Kinn auf die Brust gestützt, ein anderer klopfte sich im Fallen hektisch auf den Bauch, die Oberschenkel, den Hintern. Ich erkannte den jungen Mann, der sich in der engen Gasse nach mir umgewandt hatte. Auch jetzt sah er mich aus dunklen, schon friedlichen Augen an, während er merkwürdig zusammengekauert stürzte. Wie viele wir doch waren, dachte ich noch, da erreichte uns ein klirrender Schrei, ich wusste nicht, was kommen würde, da war der Schrei, ohne Grund, wir stimmten ein.

SOMMER

Tilman Rammstedt

Niemanden schien es zu interessieren, ob und wie und wann Dinge oder Menschen zusammentrafen. Die Jahreszeiten rutschten einem durch die Finger, und wenn man im Mai jemanden fragte, was er im Sommer vorhabe, hieß es: Wegfahren, wenn es geht, und sei's nur an die Ostsee. Das war die allgemeine Situation. Genauer waren es L. und ich, die nicht zusammentrafen, oder wenn, dann nur örtlich und zeitlich, ohne damit viel anfangen zu können. Genauer war es natürlich auch L., die, von mir im Mai nach ihren Sommerplänen befragt, mit dieser kräfteraubenden Unverbindlichkeit antwortete, sodass es unmöglich war, irgendeine Position zu verlassen.

Man schlief nicht miteinander. Auch wenn es dafür wenig Gründe gab. Zahllose Nächte gemeinsam auf der Hundertzwanzigzentimetermatratze, nur so viel Körpernähe, wie dort nicht zu vermeiden war, hin und wieder Küsse zur Begrüßung, zum Abschied, ohne je eine bedenkliche Sekundenzahl zu erreichen, in der die Lippen aufeinanderlagen, ohne je eine Zunge durch die Zähne zu lassen, die Tabuzonen für die Hände auf dem Körper des anderen waren bekannt. Erst Mitte Juli, nach einer weiteren Hundertzwanzigzentimeternacht, einem weiteren Frühstück, bei dem man leicht vergessen konnte, dass wieder nichts geschehen war, das man in irgendwelche Kategorien hätte einordnen müssen, traute ich mich wieder, nach dem August zu fragen, dem August, in dem Berlin beinah so unerträglich wie im Januar wird, dem August, in dem man entweder vor dem Sommer kapituliert oder ihn unterwandert, dem August, der in L.s Kalender mit einem Buntstift als möglicher Ferienmonat markiert war. Das hatte sie schon Anfang des Jahres getan, als sie noch Kanada, Ostafrika oder zumindest Portugal als Ziele dieses Urlaubs angab. Von der Ostsee war damals noch nicht die Rede gewesen.

Auch jetzt nicht, auch Mitte Juli nicht, auch nicht bei diesem Frühstück mit mehr Zigaretten als nötig, mit der Kaffeetasse in der Hand, mit Schlaf in den Augen und mit L.s Körper im Bademantel, L.s Körper, den ich in der Nacht wieder nur an unproblematischen Stellen berührt hatte. Die Ostsee wurde nicht erwähnt. Sie stand plötzlich in einer Reihe mit Kanada, mit Ostafrika und Portugal, wurde zu einem entfernten Ziel, über das man sich im Winter Gedanken macht, auch wenn der Winter Mai heißt. Der Juli zählt nun aber definitiv nicht mehr zum Winter, da konnte auch L. sich nichts vormachen, und die Buntstiftmarkierung wurde plötzlich zur Bedrohung, zu einem Dokument des Scheiterns, einem Scheitern, das L. verachtete und das ihr schlechte Laune bereitete, und mit einer schlecht gelaunten L. wollte ich nicht wegfahren, selbst wenn ich es dürfte, selbst wenn es nur an die Ostsee wäre, für drei Tage, vielleicht eine Woche. Und weil L.

in ihrem Bademantel gut gelaunt aussah, weil wir keine Zigaretten mehr hatten, weil die Sonne schien und es zwar nicht heiß, aber immerhin Sommer war, schlug ich vor, das zu tun, was Liebespaare an solchen Tagen machen, was das Letzte wäre, was ich mit L. machen wollte, wenn wir ein Liebespaar wären, weil es dann so gezwungen aussähe, was jetzt aber erlaubt war, weil wir kein Liebespaar waren und vielleicht nur deshalb nicht miteinander schliefen und uns nichts über die Augen und Hände des anderen erzählten, um diese Dinge tun zu können, diese Dinge, die sonst Liebespaare tun. Ich schlug vor, einen Ausflug zu machen.

Nicht an die Ostsee, dafür war es zu spät, dafür hätte L. eine Tasche packen müssen, und plötzlich wäre es eine Reise geworden. Nicht die Ostsee also, sondern Rheinsberg, Chorin, der Spreewald oder zumindest Köpenick. Ungewohnt schnell einigten wir uns auf Köpenick, vielleicht, weil man auch ohne Eisenbahn nach Köpenick kommt, und mit einer Eisenbahn hätten wir dann schließlich auch ebenso gut an die Ostsee fahren können oder nach Portugal.

In Köpenick gibt es eine Tramstation, die Freiheit heißt und an der L. aus diesem Grund unbedingt aussteigen wollte, was ich albern fand. Sie meinte, ich sei langweilig, ich meinte, sie sei kitschig, und dann war die Tram schon weitergefahren, mit L., die beleidigt war, und mit mir, der sich schämte. Wären wir ein Liebespaar, hätten wir uns jetzt gestritten. So schwiegen wir nur, was nicht weiter auffiel. Dass man mit guten Freunden auch schweigen kann, weiß ich. Was daran so besonders sein soll, weiß ich nicht. Mir fallen nur wenige Dinge ein, die einfacher erscheinen als schweigen. Und auch wenn die Frage, ob L. und ich nun gute Freunde seien oder nicht, mich stets in Bedrängnis gebracht hat, so schwiegen wir manchmal gemeinsam, was ja schließlich einfach war, und manchmal redeten wir gemeinsam, was beinah genauso einfach war, und manchmal war es einer von uns, der redete, während der andere schwieg, und das war in den meisten Fällen vielleicht die beste Lösung. Schön hier, sagte L. zum Beispiel in diesem Fall, und ich sagte nichts.

Wir setzten uns ans Wasser, obwohl es das gleiche Wasser war, das wir beinah jeden Tag sahen, auch ohne einen Ausflug zu machen. Am Wasser sitzen jedoch, zumindest für einige Zeit, alle gern. Am Wasser zu sitzen ist Konsens. L. summte vor sich hin, die Sonne schien vor sich hin, das Wasser plätscherte vor sich hin, und ich sah ihnen dabei zu. Alle hatten ihre Beschäftigungen, und wir begannen, uns zu langweilen. Langeweile heißt bei Ausflügen zwar nicht Langeweile, sondern Entspannung, aber das half wenig. Es gab keine Schiffe, denen man hätte nachschauen können, und auch keine Wellen, wie es sie gegeben hätte, wären wir an die Ostsee gefahren, um uns ans Wasser zu setzen, Wellen, die einem das Gefühl vermitteln, irgendetwas würde geschehen. Ich merkte, wie L. unruhig wurde, doch weil man bei einem Ausflug nicht sofort nach der Ankunft wieder umkehren kann, um ins Kino oder irgendwo anders hinzugehen, blieben wir sitzen und aßen Schokolade.

Ich versuchte, mir vorzustellen, wie es wäre, L. jetzt zu küssen. Es gelang nicht. Man kann nicht plötzlich mit solchen Vorstellungen anfangen, nur weil einem langweilig ist. Der Kuss selbst erschien dabei gar nicht so problematisch, auch küssen gehört schließlich zu den einfacheren Tätigkeiten im Leben, vielleicht sogar zu denen, die einfacher sind, als gemeinsam zu schweigen. Schwieriger war es, sich vorzustellen, was wir anschließend gemacht hätten, außer weiter aufs Wasser zu schauen. Irgendwann hätten wir wohl gelacht, wie man halt lacht, und dann hätten wir uns noch einmal geküsst, weil uns nichts anderes eingefallen wäre, weil man beim Küssen nicht sprechen muss, weil küssen auf jeden Fall einfacher ist als sich geküsst haben, und am Abend hätten uns die Lippen wehgetan, und die Verabschiedung wäre umständlich geworden.

Wir saßen dicht beieinander, die Entfernung zwischen unseren Mündern betrug vielleicht zwanzig Zentimeter. Ich konnte ihre Creme mit irgendwelchen hauteigenen Coenzymen riechen, und als sie sich zu mir umdrehte und mich ansah, erschreckte mich dieser Blick. Für Sekunden zwar nur, zwei, höchstens drei, dann drehte sie sich wieder weg, und wir rauchten eine Zigarette, an beinah einem gemeinsamen Ort, zu beinah einer gemeinsamen Zeit. Das heißt nicht viel.

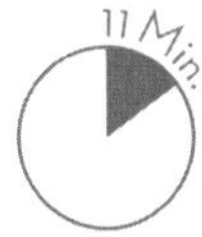

REISEN MIT MEINER TANTE

Jan Brandt

Es war noch früh am Morgen, als meine Tante mich weckte. Sie klopfte gegen meine Zimmertür und sagte: Steh auf, es ist etwas passiert, sie haben einen von ihnen erwischt.

Ich zog mich an und folgte ihr ins Wohnzimmer. Sie trug noch ihre Hausschuhe und ihren gesteppten pinkfarbenen Morgenmantel. Der Fernseher lief. Seit dem Anschlag hatte sie ihn nicht mehr ausgeschaltet. Die meiste Zeit lag meine Tante zurückgeklappt in ihrem Fernsehsessel, kraulte Buddy am Kopf und hörte sich mit geschlossenen Augen die Nachrichten an. Als ich sie darauf ansprach, sagte sie: Die Stimmen beruhigen mich.

Aber mich beruhigten die Stimmen nicht.

Gerade findet hier eine Großfahndung statt. Wir bitten die Leute, Schutz zu suchen, mit anderen Worten, zu Haus zu bleiben und die Türen abzuschließen und nur jemandem zu öffnen, der sich einwandfrei als ein Mitarbeiter der Ermittlungsbehörden ausweisen kann. Das gilt für Watertown, wo wir uns gerade befinden, als auch für Cambridge, Waltham, Newton, Belmont und zu diesem Zeitpunkt für ganz Boston, für ganz Boston. Dies ist eine ernste Situation. ... Können Sie sich das vorstellen, Carl: Den Ein-

wohnern einer amerikanischen Großstadt wird gesagt, sie sollen zu Hause bleiben? Hier geht es nicht um einen Tatverdächtigen. Hier geht es um eine Gefahr für die ganze Gesellschaft.

Draußen dämmerte es. Gewöhnlich stand ich später auf, aber an dem Tag wollten wir nach Süden fahren, von Kansas City nach Springfield, 170 Meilen, wofür wir, wie meine Tante prophezeite, drei Stunden brauchen würden. Ich hatte sie überredet, sich dort, in der Nähe ihrer Tochter, meiner Cousine, ein *Independent-Living*-Altenheim namens *Ozarks Paradise* anzuschauen, das ich im Internet entdeckt hatte. Widerwillig und nur unter der Bedingung, dass wir abends zurück sein würden, hatte sie der Reise zugestimmt.

Mein Onkel und meine Tante waren in den frühen Fünfzigern in die USA ausgewandert. Anfangs bewirtschafteten sie einen Bauernhof, die *Lone Pine Farm*. Aber das Wetter im Mittleren Westen erwies sich als zu extrem. Nach drei Jahren Dürre bewarb sich mein Onkel bei der *Country Club Dairy*, einer Molkerei in der Stadt. Nachts lieferte er Milch aus, tagsüber schlief er, während sich meine Tante um die Kinder kümmerte. Später eröffneten sie einen Geschenkartikelladen, den *Seven Dwarfs Gift Shop*. Sie kamen oft nach Deutschland, um uns zu besuchen und Souvenirs einzukaufen, Hummel-Figuren, Nussknacker und Schwarzwalduhren, aber wir flogen nie in die USA.

Dann wurde mein Onkel alt und krank, und meine Tante sagte: Wenn du noch etwas von ihm wissen willst, musst du jetzt kommen. Von da an reiste ich alle paar Jahre nach Kansas City, auch nachdem mein Onkel längst gestorben war. Ich wollte einen Roman schreiben, der von deutschen Auswanderern handelte und in Deutschland und den USA spielte, ein Roman, der ein ganzes Jahrhundert umfasste, ein großer Familien- und Gesellschaftsroman, *a Great American Novel*, und das hieß, dass ich alles ganz genau wissen musste, alles über die Geschichte der Stadt und des Landes und der Menschen und des Universums. Ein unendliches Unterfangen.

Irgendetwas stimmt nicht mit dir, sagte meine Tante, die Hände in die Hüften gestemmt, jedes Mal, wenn du hierherkommst, passiert etwas Schreckliches. Erst wollte ich ihr widersprechen, doch dann dachte ich an all das, was während meiner Aufenthalte geschehen war. Bei meinem ersten Besuch waren US-Truppen in den Irak einmarschiert. Bei meinem zweiten gab es einen Amoklauf an der Virginia Tech University in Blacksburg. Bei meinem dritten kam es in Missouri zu schweren Regenfällen und Überschwemmungen. Bei meinem vierten traf ein Tornado die nahe gelegene Kleinstadt Joplin und zog eine Schneise der Verwüstung hinter sich her. Und jetzt waren in Texas eine Düngemittelfabrik und beim Boston-Marathon zwei Bomben explodiert.

Bad Karma, sagte ich.

Und sie sagte: Ganz genau, und jetzt setz dich in die Küche und iss deine Pfannkuchen. In einer halben Stunde müssen wir los.

Während sich meine Tante auf den Weg zum Wagen machte, putzte ich mir die Zähne, band Buddy im Garten an einen Baum und verschloss die Fenster und Türen. Solange wir in der Stadt unterwegs waren, gab sie mir Anweisungen, wie ich zu fahren hätte. Es ärgerte sie, auf andere angewiesen zu sein. Jeder Satz klang wie ein Befehl: an der Kreuzung rechts. Die

107. runter bis zum Blue Ridge Boulevard. Dann links bis zum Truman Corner's Shopping Center.

Ich versicherte ihr, dass das nicht nötig sei. Ich habe mir den Weg angeschaut und eingeprägt, und für den Notfall ist mein Smartphone mein Navigator.

Dann brauchst du mich ja nicht, sagte sie, sichtlich beleidigt. Anscheinend braucht mich niemand mehr.

Ich sagte, das ist nicht wahr, und dann sagte ich nichts mehr und sie auch nicht. Kaum waren wir auf dem Highway 71, schaltete ich das Radio ein.

Ihr Onkel hat vor ein paar Stunden mit Reportern gesprochen. Und als er gefragt wurde, ob er die beiden kenne, sagte er, er habe in den letzten Jahren kaum Kontakt zu seinen Neffen gehabt. Aber er sagte auch, er schäme sich für sie. Und er nehme an, dass das Motiv zum Teil darin bestehe, dass es sich um unzufriedene junge Männer handelt, die nie richtig in den Vereinigten Staaten angekommen sind. Hören Sie mal, was er zu sagen hat: Of course, we are ashamed, yes, we are ashamed. They are children of my brother, who had little influence on them, honestly, as much as I know. It's personal: I just wanted my family be away from them. Again, what I think was behind it, being losers, not being able to settle themselves. And thereby hating everyone who did.

Ich fragte mich, ob meine Tante mich auch irgendwann einmal so charakterisieren würde, als unzufriedenen jungen Mann, ein Neffe, der niemals ankommt, ein Loser, der mit seinem Buch nicht fertig wird. Am liebsten hätte ich die ganze Fahrt über Radio gehört, um keine Sekunde der Verfolgungsjagd, dieses realen Live-Hörspiels, zu verpassen. Aber meiner Tante machten die Geschwindigkeit und der Fahrtlärm zu schaffen, und sie wollte aus dem Fenster schauen und sich auf das konzentrieren, was vor ihr lag. Ich hielt mich ans Tempolimit, und sie wusste, dass ich nicht langsamer fahren durfte, wenn wir den Termin mit Audrey Hunter, der Leiterin des Altenheims, einhalten wollten.

Über uns hingen vereinzelt Wolken wie Raumschiffe, und die weißen pilzförmigen Wasserspeicher der vor uns liegenden Städte erinnerten mich an Kommandozentralen, von denen aus die Außerirdischen unsere Gehirne steuerten. Gleichzeitig überholten wir schwarze Kutschen der Amischen, die auf dem Standstreifen neben uns hertrabten. Ich sah Geier am Himmel kreisen. Überall auf dem Beton verstreut lagen die Überreste von Gürteltieren. Und als wir über den Truman Lake rauschten, über den künstlich angelegten See, aus dem Hunderte schwarze Baumstümpfe ragten, die wie Grabmale aussahen, war ich endgültig überzeugt davon, in eine Traumwelt eingetaucht zu sein. Doch wie musste es erst in Boston sein, dachte ich, die Hand am Radioknopf, in einer abgeriegelten, unter kollektivem Hausarrest stehenden Stadt?

Bill Griffeth ist für uns in Watertown. Bill, erreiche ich Sie zu Haus am Telefon? Nein, ich bin mittendrin, Carl, vielleicht dreißig Yards entfernt von dem Ort, an dem uns gleich die neuesten Nachrichten verkündet werden. Die Ermittlungsbehörden leisten ganze Arbeit, State Trooper, Polizei und Militär. Die alles entscheidende Frage ist, ob sie den 19-Jährigen schon verhaftet haben. Und wenn das so ist, wo ist er dann?

Früher, sagte meine Tante, nachdem ich das Radio wieder ausgestellt hatte, sei der Highway zweispurig gewesen, und nicht wie jetzt, vierspurig. Damals hätte die Fahrt zu ihrer Tochter doppelt so lang gedauert, weil es praktisch unmöglich gewesen sei, einen Truck zu überholen. Und hier in Osceola bei der Käsefabrik hätten sie immer Rast gemacht. Mein Onkel habe draußen gewartet und eine Zigarette nach der anderen geraucht, und sie habe drinnen Käse gekauft, kiloweise Käse, für sich und ihre Enkelkinder, den besten Käse Amerikas, Hickory Smoked Green Onion, Longhorn, Lightning Jack. Es klang, als sehnte sie sich nach dieser Zeit zurück, als wäre es ihr lieber, wir würden niemals ankommen und immer weiterfahren, schwerelos unter einem blauen Himmel dahingleiten. Aber sie wusste, dass das nicht ging, dass sie nicht länger allein leben konnte. Drei Jahre zuvor hatte sie sich die Hüfte gebrochen, und seitdem konnte sie kaum noch laufen. Und sie litt an einer Makulardegeneration, ihr Sehfeld war stark eingeschränkt, als hätte man ihr einen Punkt in der Mitte des Auges herausgeschnitten, auch deshalb verließ sie sich mehr und mehr auf die Stimmen.

Die Behörden vermuten, dass sich Dzhokar Tsarnaev noch hier in der Gegend aufhält. Bill Griffeth ist für uns vor Ort, Bill, hat sich die Situation dort im Laufe des Tages verändert? Ja, wir nähern uns definitiv dem Ende der Hausdurchsuchungen.

Mittags, als wir in Springfield ankamen, hatten sie Dzhokar immer noch nicht gefunden. Der Pförtner nahm unsere Ausweise entgegen, rief jemanden an, um unsere Namen durchzugeben, und gab sie uns zurück. Dann ließ er die Schranke hochschnellen, und wir suchten uns einen Parkplatz. Einige Plätze waren reserviert, andere von Autos blockiert, deren Karosserien mit Rost und Moos und Staub überzogen waren, Oldtimer, Cadillacs und Chevrolets.

Audrey Hunter, eine kleine Frau mit kurzen Haaren, begrüßte uns in der Lobby – willkommen im *Ozarks Paradise*, das manche hier auch wahlweise das *Old Arks* oder *Old Sharks Paradise* nennen – und zeigte uns das Altenheim, einen Backsteinbau im Süden der Stadt, die Gänge ausgelegt mit Teppichböden, die Wände geschmückt mit Gemälden, einen Speisesaal, in dem antike Möbel standen, von den Decken hingen goldene Kronleuchter: Es verströmte den Charme eines Hotels aus den Vierzigerjahren, in dem die Gäste als Jugendliche eingecheckt hatten und nie wieder ausgezogen waren.

Audrey – einfach Audrey – führte uns in mehrere leer stehende Zimmer mit Blick auf einen Golfplatz, aber auch in andere, besetzte, die uns als Vergleich dienten. Meine Tante sollte sich in ihre mögliche Zukunft einfühlen. Alles war für unseren Besuch hergerichtet. Die Türen standen offen, die Gardinen waren zur Seite gezogen, nirgendwo lag etwas herum, die Oberflächen glänzten, als wären sie mit Zellophan überzogen. Die alten Männer und Frauen, die in den Wohnungen lebten, saßen in ihren besten Kleidern auf den Sofas oder Sesseln und verfolgten die Verfolgungsjagd an der Ostküste auf wandeinnehmenden Flachbildschirmen. Sie begrüßten uns freundlich, standen aber nicht auf. Sie wussten, wir waren nicht wegen ihnen gekommen, sondern wegen dem, was sie uns hinterlassen würden. Vor Jahren hatten sie die gleiche Besichtigungstour unternommen und sich die gleichen Zimmer angeschaut. Sie hatten die Leute gesehen – und sich selbst; sie hatten sich vorgestellt, dort zu sitzen und fernzusehen, so wie meine Tante sich jetzt dort sitzen sah. Es waren Zimmer wie aus einem Möbelkatalog, Einraumwohnungen mit Kochnische und Badezimmer für 1800 Dollar pro Monat.

Audrey führte uns herum und stellte uns weiteren Bewohnern vor, den Prominenten, den Langzeitüberlebenden, wie sie sagte. Mabel Isenhour, die umgeben von weißen Schlüpfern – einige hatte sie zum Trocknen auf ihrem Rollator drapiert – im Waschraum saß.

Mabel, sagte Audrey, erzähl unseren Gästen doch bitte, wie gut es dir bei uns gefällt.

Und Mabel sagte: Geneva? Ich hab Geneva heute noch nicht gesehen, ich mach doch freitags immer meine Wäsche. War sie denn nicht beim Frühstück? Wo ist sie denn? Sie kann doch hier nicht raus.

Larry Leon Loveall, der schon seit zwanzig Jahren im Heim wohnte und den ganzen Tag wenig anderes tat, als mit wechselnden Partnern und wechselnden Gegnern Bridge zu spielen.

Na, Larry, könnt ihr nicht noch eine Mitspielerin gebrauchen?

Im Moment sind wir komplett, sagte Larry, aber es könnte sein, dass Augusta – er nickte der weißhaarigen Frau ihm gegenüber zu – es nicht mehr allzu lange macht. Sie sieht mir schon ein bisschen schwiemelig aus.

Und Myrtle Irene Gutless, die eine Bluse mit Tigermuster trug und mit einem Stock in der Hand mitten im Gang stand.

Na, Myrtle, wie lautet die Losung des Tages?, fragte Audrey.

Mut, sagte Myrtle. Den Mut, kühn und unverfroren zu handeln. Aber auch Vertrauen in Gottes Bestimmung für dein Leben zu haben, selbst wenn du nicht weißt, wohin dich das führen wird. Denn es steht geschrieben in Psalm 118, Vers 8: Es ist gut, auf den Herrn zu vertrauen und nicht sich verlassen auf Menschen.

Eine Stunde lang spazierten wir durch das Gebäude. Wir fuhren mit dem Fahrstuhl hinauf in den Turm, das Herz von Missouri, von dem aus man, wie Audrey erklärte, bis zu hundert Meilen weit schauen könne, bis zum Ozarkgebirge im Süden – sofern man, wie ich einschränkte, über gesunde Augen verfüge; wir sahen uns die Werkstatt im Keller an, den Handarbeitsraum im Erdgeschoss und ließen uns in die schweren Ledersessel in der Lobby fallen.

Jeden Morgen bietet eine Physiotherapeutin Übungen gegen Arthritis an. Wir haben hauseigene Friseurinnen und Podologinnen. Sie sehen, bei uns sind Sie rundum versorgt, von Kopf bis Fuß. Jeden Donnerstag ist Bingo; einmal im Monat kommt eine Masseuse ins Haus – worüber sich vor allem die Männer freuen; im Mai findet zum ersten Mal eine Wein- und Schokoladenprobe statt; und im Sommer gibt's draußen im Garten ein Barbecue. Frühstück ist von sieben bis zehn, Lunch um eins, Dinner um sechs. Sie können aber auch auf Ihrem Zimmer bleiben. Sie müssen nicht am Gemeinschaftsleben teilnehmen, wenn Sie nicht wollen. Gerade Anfängern fällt es schwer, sich von ihrem alten Leben zu lösen und auf das neue im Paradies einzulassen. Dieser Prozess braucht seine Zeit. Aber wenn Sie erst mal drin sind, das verspreche ich Ihnen, wollen Sie gar nicht mehr weg. Zum dritten Mal in Folge haben wir den Preis unserer Mutterfirma *Pensioners Paradise* für das beste Altenheim des Landes gewonnen; fast alle

Bewohner haben an der Evaluation teilgenommen und unseren Mitarbeitern die volle Punktzahl gegeben, der Grad der Zufriedenheit ist nirgendwo höher als hier.

Audrey pries die Ruhe, die Gemeinschaft, die Atmosphäre und lachte jedes Mal hell auf, wenn ich eine Frage stellte; was passiere, wenn meine Tante pflegebedürftig werde; ob sie ihren Hund mitbringen könne; wer die Medikamente austeile und die Dosierung überwache; ob es einen Einkaufsservice gebe; wie der Arzt im Haus heiße und über welche Qualifikation er verfüge; und ob ich, wenn ich zu Gast sei, auch den Golfplatz nebenan nutzen dürfe, ich habe ein recht gutes Handicap. Anstatt eine dieser Fragen zu beantworten, sagte sie, wie um sich zu entschuldigen, dass sie nicht über die Fragen selbst lache, sondern über meinen *funny accent*. Woraufhin meine Tante vollkommen akzentfrei sagte: *He's German*.

Als wir am Ausgang angekommen waren und die Schiebetüren aufschwangen, umarmte Audrey meine Tante überschwänglich, sagte, wie sehr sie sich freuen würde, sie als neue Bewohnerin begrüßen zu dürfen, den ersten Schritt habe sie mit ihrem Besuch bei ihr bereits getan, löste die Umarmung und wies fast im gleichen Atemzug daraufhin, dass sie uns die Räume nur maximal zwei Monate lang reservieren werde. Bis dahin müssten wir uns entscheiden.

Auf der Rückfahrt wirkte meine Tante unentschlossen.

Ich sagte: Etwas Besseres wirst du nicht finden.

Und sie sagte: Und auch nichts Teureres.

Wir kamen wieder an der Käsefabrik vorbei und überquerten in der Dämmerung den Truman Lake, die aus dem Wasser ragenden Baumstümpfe sahen in der einsetzenden

Dunkelheit noch gespenstischer aus. Je weiter wir nach Norden kamen, desto finsterer wurde es. Von der Landschaft war bald nichts mehr zu sehen. Die beleuchteten Wasserspeicher am Horizont zogen uns magisch an. Im Scheinwerferlicht tauchte ein gigantisches Gürteltier auf. Ich hätte auf die linke Spur ausweichen, das Steuer herumreißen können, aber ich dachte an das, was mein Fahrlehrer mir vor Jahren in diesem Fall geraten hatte – keine Angst, kein Mitleid, keine Bewegung, das Tier oder du –, und hielt direkt darauf zu. Ein dumpfer Schlag, eine kurze Erschütterung, ein Zittern, das wie ein wohliger Schauer durch meinen Körper ging.

Bad Karma, sagte ich.

Und meine Tante sagte: Was war das?

Armadillo Roadkill.

Okay, sagte sie, als ob nichts geschehen wäre, wenn sie diesen Kerl heute noch schnappen, dann mach ich's, dann verkauf ich mein Haus, obwohl ich bei der derzeitigen Lage nicht viel dafür kriege, und zieh nächsten Monat dahin. Stell das Radio an.

Und das tat ich.

Ja, Carl, das kann ich. Nach Aufhebung der Ausgangssperre war ein Einwohner Watertowns aus seinem Haus getreten und zu seinem Boot gegangen, das im Garten abgestellt war. Dabei hatte er Blutspuren bemerkt und gesehen, dass das Segeltuch zerschnitten war. Er hob die Plane an und entdeckte darunter eine blutüberströmte Gestalt. Also rief er 911 und sagte: I've found him.

ES BLEIBT EIN STÜCK HANNOVER ZURÜCK

Wiglaf Droste

Hannover. Was für ein Wort! Kundigen wird der Mund trocken, ihr Magen zieht sich zusammen, das Blut fällt ihnen aus dem Gesicht direkt in die Füße. Und doch hat die Stadt, aus der Gerhard Schröder kroch, auch ein Gutes. Man kann sie leicht verlassen. Zugreisende wissen es längst: Hannover ist geradezu ideal zum Umsteigen und Wegsein.

Auf dem Weg nach Bremen wurde ein Hannover-Aufenthalt von 20 Minuten bereits als bedrückend empfunden. Ich erbot mich, etwas Reiseproviant zu besorgen, und verschwand in den Untiefen des hannöverschen Hauptbahnhofs. Eine Imbissbude lockte mit fiesem Geruch; es gibt diese Tage, an denen man glaubt, so etwas essen zu wollen. Für meine Begleiter erstand ich zwei Hot Dogs: Weichwürstchen im Weichbrötchen, Erzeugnisse, wie sie von wirklicher Wurst und wirklichem Brot nicht weiter entfernt sein könnten. Das Gleiche galt auch für das Ensemble, das ich mir selbst gönnte: eine Bratwurst im aufgeschnittenen Brötchen mit einem Strang hellgelbem Senf drauf.

Die in Aluminiumfolie eingewickelten Hot Dogs in der linken und mein Bratwurstbrötchen in der rechten Hand, ging ich zurück und biss auf dem Weg schon mal ein Stück Wurstriemen ab. Und, weil es so sonderbar schmeckte, gleich noch eins. Kaum dass ich den Bahnsteig erreicht hatte, waren offenbar auch die zwei Wurstbissen beim Magenpförtner angelangt.

Der gab ihnen allerdings einen entschieden abschlägigen Bescheid. Mit Händen und Füßen, das merkte ich nun ebenso plötzlich wie vehement, wehrte sich mein Magen gegen das hochtoxische Wurst-Senf-Gemisch. Es gelang mir, die Reste des Bratwurstbrötchens, die ich noch in der Hand hielt, in einen ihnen angemessenen Aufbewahrungs- und Bestimmungsort zu versenken, den Mülleimer, sodass ich die Rechte wieder frei hatte; ich bedurfte ihrer auch dringend, um mir den Mund zuzuhalten, denn dem Magenpförtner war es ganz offensichtlich gelungen, die Wursthalunken davonzujagen, und nun waren sie auf dem schnellsten Weg ins Freie.

Dagegen hatte ich auch nichts einzuwenden, allerdings: Nicht jetzt, nicht hier!, wie es in diesen Filmen immer heißt. Es war heller Nachmittag, der Bahnsteig mäßig mit Menschen besetzt und ein angenehmer, weil anonymer Ort zur Entsorgung nirgends in Sicht. Wie peinlich, dachte ich; Verzweiflung machte sich in mir breit wie Wurst hinter meinen Zähnen, die ich zusammenbiss wie nie und zur Sicherheit noch die freie Hand davorpresste. Dieser äußerste Verteidigungsdamm, noch hielt er, noch brach er nicht.

Weiterhin die Hot Dogs in der Linken balancierend, taumelte ich den Bahnsteig entlang. Bahnsteig 13 las ich, immer wieder Bahnsteig 13, warum las ich das?, egal, hastete, nur weiter!, nur weiter!, dem Druck kaum mehr standhalten könnend, das Verbundpflaster entlang, bis endlich niemand mehr vor mir zu sehen war und ich zum Stehen kam, um, selbst verwundert über diese Premiere, eine grellgelbe Fontäne in erstaunlich elegant geschwungenem Bogen auf die Bahngleise sich ergießen zu sehen. So musste sich Jesus gefühlt haben, als er sagte: Es ist vollbracht.

Verstohlen prüfte ich, ob mir jemand zugesehen hatte. Anscheinend hatte ich Glück gehabt. Allein eine ältere Dame sah mich mit einem Gesichtsausdruck an, in dem Entsetzen, Angst und Mitgefühl eine verblüffende Ampelkoalition eingingen. Dann kam auch schon der Zug, erleichtert verließ ich Hannover – und sah, ganz entspannt, meinen Reisebegleitern beim Verzehren der Mahlzeit zu, die ich ihnen mitgebracht hatte.

10 Min.

UNTER FREIEM HIMMEL

Susanne Heinrich

Ich war dabei, die Abstellkammer aufzuräumen, als ich den blauen Müllsack fand. Er war mit Absperrband zugeschnürt. Ich konnte mich nicht an ihn erinnern. Als ich ihn öffnete, fielen nacheinander zwei Paar braune Wanderstiefel, ein dunkelgrüner Parka und mehrere Wanderkarten und Faltpläne heraus. Ich stellte mir vor, wie Felix diese Dinge in den Müllsack getan hatte. Wahrscheinlich hatte er sie erst auf einen Haufen gelegt und sie noch eine Weile angesehen, ehe er sie weggepackt hatte. Ich stellte mir vor, wie er vor dem Müllcontainer gestanden und die Tüte hochgehoben und es dann doch nicht fertiggebracht hatte, sie wegzuwerfen, und wie er sie stattdessen in der hintersten Ecke der Abstellkammer deponiert hatte. Ich nahm einen seiner Schuhe in die Hand, und ein paar Brocken getrockneter Erde lösten sich aus dem Profil und fielen auf den Boden. In diesem Moment kam ich auf die Idee.

Schon am Anfang hatte Felix mir oft vorgeworfen, ein Hotelmensch zu sein. Du bist ein Hotelmensch, hatte er immer gesagt, mit dir kann man solche Dinge nicht machen. Solche

Dinge, damit meinte Felix mehrtägige Kanu-Touren, Camping-Urlaube, Wanderungen. Damals, als wir unsere Zugeständnisse noch nicht gegeneinander aufrechneten, hatte er sich noch mit kurzen Waldspaziergängen besänftigen lassen. Er hatte versucht, mich für bestimmte Bäume zu begeistern oder mir beizubringen, welche Gräser und Blätter sich für das Pfeifen eignen und wie man sie zwischen die Daumen klemmen muss, damit ein möglichst lauter Ton entsteht. Aber er muss gespürt haben, dass ich diese Spaziergänge mehr aus Liebe zu ihm denn aus Liebe zur Natur machte, daran, wie ich seine Lektionen fraglos hinnahm und seufzte, wenn wir das Haus wieder erreichten. Schließlich verflüchtigte sich die Zärtlichkeit aus seiner Stimme, wenn er sagte: Die Menschen sind verschieden, du hast für die Natur eben nichts übrig. Wir machten immer seltener Spaziergänge, und als wir alle Wege durch den nahe gelegenen Wald auswendig kannten, machten wir gar keine mehr.

Es waren noch vier Wochen bis zu Felix' Geburtstag. Ich suchte die Wanderroute heraus, stellte einen Zeitplan auf und kaufte sogar einen Picknickkorb. Ich malte einen Gutschein. Die Buntstifte machten mich melancholisch. Das letzte Mal hatte ich welche in der Hand gehabt, als ich noch in der Grundschule gewesen war. Damals hatte ich meiner Mutter zum Muttertag einen Orden gemalt mit der Aufschrift: Für die beste Mama der Welt. Ich kaufte braune Schuhe. Es war Felix immer wichtig gewesen, dass ich braune Schuhe besitze. Im Wald trägt man kein Rosa, hatte er gesagt. Die letzten Tage verbrachte ich damit, kleine Konserven zu besorgen, Plastikbesteck und Bier in Dosen. Wenn Felix und ich uns über den Weg liefen, musterte er mich misstrauisch, und ich fragte: Warum siehst du mich so misstrauisch an? Ich bin nicht misstrauisch, antwortete Felix dann, ich bin mürrisch. Es gibt keinen Grund, mürrisch zu sein, sagte ich. Es gibt auch keinen Grund, nicht mürrisch zu sein, sagte Felix.

Ich war lange vor Felix wach. Ich öffnete die Augen, bewegte mich aber nicht. Die Sonne ging auf und schwappte durchs Fenster. Erst bedeckte sie nur den Boden, dann stieg sie in wenigen Minuten bis zur Decke. Als die Wärme kurz davor war, in Hitze umzuschlagen, begann Felix zu zucken. Ich drehte meinen Kopf zur Seite, wartete, bis Felix' Lider sich einen Spaltbreit öffneten, und sagte: Alles Gute zum Geburtstag, Felix.

Später saß ich schon am Frühstückstisch, als Felix in die Küche schlurfte und sich auf seinen Stuhl fallen ließ. Ich konnte sein Gesicht nicht sehen, als er den Gutschein fand. Der Blumenstrauß war zu groß. Felix aß so viel, wie er sonst nur im Urlaub aß. Danach stand er auf und kam zu mir herüber. Direkt vor meinem Stuhl blieb er stehen, bückte sich, nahm mich in den Arm und strich mir über den Rücken, als wollte er mich trösten.

Als wir nebeneinander im Auto saßen, murmelte Felix: inklusive Picknick und Geburtstagsüberraschung. Ich nickte, und Felix zog die Brauen hoch wie jemand, der sich auf etwas freut, das bald eintreten wird. Ich ließ den Motor an und fragte: Willst du deine Jacke nicht ausziehen? Wir brauchen fast eine Stunde. Aber Felix schüttelte nur lächelnd den Kopf und summte die Titelmelodie eines Cartoons. Die ganze Fahrt über saß er leicht vorgebeugt.

Es war Mittag, als wir ankamen, ich verbrannte mir die Finger, als ich die Tür zuschlug. Felix legte den Kopf in den Nacken, blinzelte und zog seine Windjacke aus. Steck doch den Plan weg, sagte er mit einem Seitenblick. Es gibt unendlich viele Wege, erwiderte ich. Wir könnten unsere Route verlieren. Felix zuckte die Schultern. Wäre das so schlimm? Er streckte seine Hand aus, ohne mich anzusehen, und ich sagte nichts mehr.

Der Weg führte an einem ausgetrockneten Flussbett entlang, ehe er sich in den Wald hinaufschraubte. Wir schleppten uns aufwärts, die Sonne im Nacken. Felix sagte: Pass auf deine Knie auf. Alle paar Minuten hob er den Arm, zeigte auf etwas und nannte den Namen eines Baumes oder Strauches. Das ist es, sagte Felix, das indische Springkraut, von dem ich dir erzählt habe. Es ist den heimischen Gewächsen überlegen, wird über zwei Meter hoch und schleudert seine Samen sieben Meter weit. Der Nektar enthält viel Zucker und duftet so stark, dass die Insekten irgendwann nur noch zu ihm kommen. Sieh dir die Blüten an. Ist es nicht schön? Ich versuchte zu sehen, was Felix sah.

Ich hatte mich nie besonders für Pflanzen interessiert. Als Kind hatte ich gewusst, wie die Beeren in unserem Garten hießen, ich kannte Rhabarber, Sauerampfer und Bucheckern. Ich konnte Fichten und Kiefern an der Länge ihrer Nadeln unterscheiden, seit meine Heimatkundelehrerin uns die Eselsbrücke mit dem langen und dem kurzen i beigebracht hatte.

Ich hatte die Natur als Ganzes gemocht, im Sommer, wenn alles blühte, und sie war mir gleichgültig gewesen, wenn sie im Winter unter der Schneedecke verschwand. Selbst für Tiere hatte ich nie viel übriggehabt, obwohl ich auf dem Land aufwuchs, wo es mehr Hennen als Menschen gab. Aber ich wusste, wie Füchse aussehen und Hennen, nachdem Füchse im Dorf waren. Manchmal war ich in die Alleen gelaufen, um Kirschen zu essen, oder an den Fluss, um mich ins Wasser zu stellen. In den Wald hatte es mich nur gezogen, weil man sich dort mit den Jungs treffen konnte. Unter den Bäumen am Rand der Felder hatten wir uns hektisch ausgezogen und das getan, was wir tun mussten.

Die unzähligen purpurroten Blüten hingen wie winzige Glöckchen von den Stielen. Sie rochen süß, wie eins dieser billigen Sommer-Parfums. Ich hielt die Luft an und machte einen Schritt zurück. Ein Schweißtropfen lief mir über die Wange bis zum Kinn, löste sich langsam, wurde immer länger und fiel endlich wie in Zeitlupe, ehe er auf den Waldboden schlug und zersprang. Ein paar Zentimeter neben der Stelle, wo er aufgekommen war, lagen zwei tote Regenwürmer in einer kleinen Senke, zu einem Knäuel verschlungen, als hätten sie sich im letzten Moment noch aneinander festgehalten. Und da vorn, unter der Rotbuche, siehst du das?, hörte ich Felix sagen. Ich riss mich vom Anblick der Würmer los und richtete mich auf. Die Abdrücke da, sagte Felix, das sind eindeutig Paarhufer. Ich kniff die Augen zusammen. Zwischen den Baumkronen und dem Gras flirrte alles. Die Baumstämme tanzten vor meinen Augen, die Büsche, die Spuren auf dem Boden. Ich versuchte, mich zu konzentrieren, aber die Farben wollten sich nicht voneinander trennen. Als ich die Hand auf den Boden legte, erwartete ich, dass er glühen würde, aber er war nur mäßig warm. Alles in Ordnung mit dir?, fragte Felix. Ich sah zu ihm hoch. Er hatte die Brauen zusammengezogen und die Hände in die Hüften gestemmt. Er sah seltsam verschoben aus. Ja, sagte ich, alles in Ordnung. Ich habe nur ein bisschen Durst. Durst, wiederholte Felix und nickte ernst.

Wir hatten uns oft darüber gestritten: unsere Beziehung zur Natur und all das. Mir war der Gedanke gekommen, dass ich vielleicht deshalb nie ein enges Verhältnis zur Natur entwickelt hatte, weil sie mich die ganze Kindheit über so selbstverständlich umgeben hatte und weil ich niemals angefangen hatte, mir die Namen der Pflanzen zu merken. Felix wollte von meinen Überlegungen nichts wissen. Da gibt es nichts zu interpretieren, hatte er gesagt. Du hast einfach keine Zärtlichkeit gegenüber dem Lebendigen. Einmal hatte er mir sogar vorgeworfen, ich würde meinen Sinn für Ästhetik nur darauf verwenden, leblosen Besitz anzuhäufen. Auf meine Frage, was er damit meine, hatte er erwidert, ich solle mir Gedanken darüber machen, ob mein Verhältnis zum Letalen nicht ungesunde Züge annehmen würde. Daraufhin hatte ich Felix als sentimentalen Naturschwärmer, Fromm-Jünger und Naturisten bezeichnet. Du weißt doch gar nicht, wovon du redest, hatte er gesagt und ein paar Tage nur mit mir gesprochen, wenn es etwas zu klären gab. Felix war hartnäckiger und selbstgenügsamer als ich, und so war ich es gewesen, die sich endlich entschuldigt hatte, und Felix der, der meine Entschuldigung gnädig angenommen hatte. So war es immer. Auf diese Art war ich die Schuldige in unserer Beziehung geworden.

Ich blieb stehen. Seit dem indischen Springkraut musste mindestens eine Stunde vergangen sein. Aber die Bäume sahen sich alle ähnlich, und auch der Weg sah aus wie der Weg vor einer Stunde. Wir müssten die Quelle längst erreicht haben, sagte ich, und meine Stimme war leiser, als ich beabsichtigt hatte. Felix wandte mir sein Gesicht zu. Er sah unwirsch aus, als hätte ich ihn bei etwas gestört. Auf seinem T-Shirt wuchsen Schweißflecken. Ich suchte in meinem Kopf nach irgendeinem Satz. Hast du nicht auch Hunger?, fragte ich vorsichtig. Da setzte Felix sich in Bewegung. Ich sah zu, wie sein Rücken sich langsam entfernte, einen Meter, zwei, fünf, ganz unsentimental. Selbst nach zwanzig Metern verlangsamte Felix seinen Schritt nicht. Ich öffnete den Mund, aber meine Zunge kam mir sehr trocken und schwer vor, und ich hatte das Gefühl, Felix wäre ohnehin schon zu weit weg, um mein Rufen zu hören. Er war ein schwarzer Schatten, der geradewegs in die Sonne schritt. Die Fronten der Bäume rechts und links bewegten sich in rasender Geschwindigkeit auf ihn zu, bald würden sie ihn ganz verschluckt haben. Ich kickte einmal über den Boden und sah zu, wie die kleinen Steine in alle Richtungen auseinanderstoben. Dann ließ ich mich fallen.

Es dauerte eine Weile, ehe sich aus so viel Haut und Wimpern und Lippen ein Gesicht zusammenfügen ließ. Als ich Felix erkannte, erschrak ich. Er war so nah, dass ich mich zurücklehnen musste. Ich stöhnte auf. Mir tut alles weh, sagte ich. Du bist dehydriert, hörte ich Felix sagen. Ich spürte, wie er mit einer Flasche meine Lippen auseinanderschob, und trank. Felix beobachtete mich dabei. Von der Bekümmertheit in seinem Blick wurde mir warm ums Herz. Ich lächelte, und er lächelte zurück.

Felix half mir beim Aufstehen und hakte mich unter, und wir nahmen einen Weg, der noch tiefer in den Wald führte. Die Kühle unter den Bäumen vertrieb die bösen Geister. Auf einer Wiese, über der ein Fächer aus gleichmäßigen Streifen von Licht und Schatten lag, breitete Felix unsere Decke aus. Ich legte mich zwischen den Proviant und sah Felix dabei zu, wie er in den Käse biss, den ich extra am Stück gekauft hatte. Felix liebte es, von großen Dingen abzubeißen. Beim Trinken machte er Geräusche, wie nur Kinder sie machen, und vor dem blauen Hintergrund sah es beinahe so aus, als würde er eher zum Himmel gehören als auf die Wiese. Ich blickte zwischen ihm und dem Blau hin und her, zwischen dem Muster der Wolken auf dem Himmel und dem der Freude in Felix' Gesicht. Es ging mir mit jeder Sekunde besser. Felix streckte die Hand aus und legte sie auf meine Stirn. Hoffentlich hast du keinen Sonnenstich. Ich drehte meinen Kopf langsam auf der Decke hin und her. Nein, wirklich, sagte ich, es geht mir gut. Wäre in diesem Moment ein Reh über die Wiese gesprungen, ich hätte mich nicht gewundert.

Und was ist jetzt mit der Überraschung?, fragte Felix. Wir lagen Arm an Arm nebeneinander und hatten die Blicke in die

Baumwipfel gerichtet. Ich dachte an alles und nichts, die Route dieser Wanderung, die Versprechen unserer Beziehung, die Vorsätze meines Lebens. Da erinnerte ich mich an meinen Plan. Mir fiel wieder ein, wie Felix bei seinem ersten Besuch in meinem Zimmer zuallererst die Matratze unter das Fenster gerückt hatte. Wie er mit aufgerissenen Augen dagelegen hatte, während ich mich über ihm bewegte. Wie er leise, als würde er ein Gebet sprechen, geflüstert hatte: Es gibt nichts Schöneres als Sex unter freiem Himmel.

Als ich Felix auf den Mund küsste und seine Lippen mit meiner Zunge auseinanderschob, sah er mich mit großen Augen an und ließ es geschehen. Ich streifte mein Kleid ab und wunderte mich, wie schnell ich nackt war. Felix stutzte, aber ich schob die Schalen und Dosen mit dem Essen beiseite und fragte leise: Hast du dir das nicht immer gewünscht? Ich legte mich auf den Rücken und ließ Felix Zeit, sich an meine Nacktheit zu gewöhnen. Aber als ich den Kopf hob, war er ein Stück abgerückt, nicht einmal sein T-Shirt hatte er ausgezogen. Ich glaube, ich kann das nicht, sagte er, so auf Befehl. Da lachte ich leise und streckte meine Hand nach ihm aus. Ich half Felix, seine Hose auszuziehen, und er kniete sich hinter mich.

Ich beobachtete zwei Ameisen auf der Decke, als Felix' Hecheln endlich schneller wurde. Die eine Ameise trug die andere auf ihrem Rücken, es war nicht zu erkennen, warum. Vielleicht war das ein Ritual, vielleicht eine Paarung, vielleicht war eine der Ameisen krank. Ich hatte das Geräusch von Haut auf Haut noch nie gemocht. Bei jedem Vor und Zurück strich mir die Sonne einmal über den Kopf, von der Stirn bis zum Nacken, und ein Teil meines Rückens, der nie im Schatten lag, fing an zu brennen. Plötzlich riss Felix' Hecheln ab. Er hatte aufgehört, sich zu bewegen, und ich hielt ebenfalls still. Er zog seinen Schwanz aus mir heraus. Auch jetzt blieb ich noch auf allen vieren knien und wartete. Dann hörte ich, wie Felix sich die Hosen hochzog, wie er aufstand, wie er einen Schluck aus der Flasche nahm. Ich spürte, wie er mich ansah. Da war jemand, sagte er. Ich drehte mich um. Aber ich sah nur Bäume.

Auf dem Rückweg ging Felix ein Stück voraus. Ich dachte daran, wie wir uns früher über diese Paare lustig gemacht hatten, die so weit auseinander liefen, dass man sie erst ganz aus der Nähe als Paar erkannte, an den gleichen Wanderhosen, dem gleichen Gruß, der gleichen Skepsis in den Augen. Ich überlegte, wer von uns zuerst etwas sagen würde. Ich konnte mich entschuldigen, ich konnte sagen: Es war eine dumme Idee, verzeih mir, ich konnte warten, bis Felix sagte: Es war eine bescheuerte Idee von dir, das musste ja schiefgehen.

Plötzlich blieb Felix stehen und streifte seinen Schuh ab. Er schüttelte ihn aus, zog ihn wieder an und ging weiter. Nach ein paar Metern blieb er erneut stehen. Er zog den Schuh aus, dann seine Socke und schüttelte sie. Ein winziger Stein fiel heraus und ohne Geräusch zu Boden. Als Felix sich wieder aufgerichtet hatte, standen wir uns gegenüber, als wäre das ein Spiel. Ich versuchte, nicht zu blinzeln, ich versuchte, keine Zeichen zu geben. Es kam mir vor wie eine Ewigkeit. Das letzte Stück gingen wir mit gegen die Sonne zusammengekniffenen Augen.

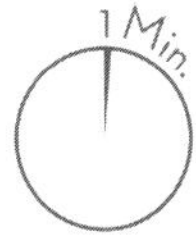

HEIMSUCHUNG

Jan Koneffke

Nachts fegen sie durch meinen Traum Worte in
Flitterkostümen
klappernde Büchsen Bedeutung hinter dem Maskenzug her
mit Linguistenkapelle Metaphernspuk Pressekonfetti
»Hoffnung«, »Wahrheit«, »Ich« schrein durcheinander:
niemals mehr wirst du uns los!

25 Min.

WIE SOLL ICH SIE ERKENNEN?

Hilary Mantel

Eines Sommers in den nutzlos ausklingenden Neunzigern musste ich London verlassen, um vor einer literarischen Gesellschaft von der Art zu sprechen, die schon zu Ende des vorangegangenen Jahrhunderts altmodisch gewirkt haben muss. Als der Tag kam, fragte ich mich, wie ich den Leuten nur hatte zusagen können, aber ein Ja ist eben leichter als ein Nein, und natürlich denkt man zur Zeit eines Versprechens, dass es nie so weit kommen wird: dass es vorher einen nuklearen Holocaust gibt oder sonst etwas dazwischenkommt. Im Übrigen empfand ich eine sentimentale Sehnsucht nach jenen lange vergangenen Tagen der Selbstveredelung. Die Leseclubs damals wurden von Tuchhandelsmeistern und ihren Verkäuferinnen-Frauen gegründet, von Verse schmiedenden Ingenieuren und treu sorgenden Ärzten, deren lange Winterabende mit etwas ausgefüllt werden wollten. Wer hält diese Clubs heute noch am Leben?

Ich führte zu der Zeit ein Wanderleben und mühte mich mit der Biografie einer Person ab, die ich nicht mehr mochte. Seit zwei, drei Jahren schon war ich in einem undankbaren Kreislauf gefangen, in dem ich hinter mir selbst aufräumte, einsammelte, was ich bereits einmal eingesammelt hatte, und es auf Computerplatten übertrug, die sich periodisch über Nacht löschten. Ständig war ich mit meinen Karteikarten, Büroklammern und den billigen Kladden unterwegs, in denen ich mir meine Notizen machte. Diese Kladden gingen leicht verloren, ich ließ sie in Taxis liegen, in den Gepäckablagen von Zügen oder warf sie mit Stapeln ungelesener Zeitungen vom Wochenende weg. Manchmal sah es aus, als wäre ich auf ewig dazu gezwungen, meinen eigenen Schritten zu folgen, zwischen Euston Road und den Zeitungssammlungen, die sich in jenen Tagen noch in Colindale befanden: zwischen dem regendurchtränkten Vorort Dublins, in dem meine Person das Licht der Welt erblickt hatte, und der nördlichen Industriestadt, in der er sich, zehn Jahre nachdem er nicht mehr von Nutzen war und auch nicht mehr zur Dekoration taugte, in einem Bahnhofshotel die Kehle durchschnitt. Ein »Unfall«, sagte der Coroner, aber es besteht der starke Verdacht einer Vertuschungsaktion, muss er sich für einen Mann mit Vollbart doch äußerst heftig rasiert haben.

Ich trieb in dem Jahr verloren dahin, ich bestreite es nicht, und da meine Tasche stets gepackt war, gab es keinen Grund, der literarischen Gesellschaft einen Korb zu geben. Sie bäten mich, sagten sie, ihren Mitgliedern eine schwungvolle Zusammenfassung meiner Recherchen zu geben, knapp auf meine drei frühen, kurzen Romane einzugehen und anschließend Fragen aus dem Publikum zu beantworten. Danach werde es eine Dankesrede geben (das Pathos verunsicherte mich ein wenig). Sie boten mir ein bescheidenes Honorar an (die Summe wurde genannt) und wollten mich in der Pension Rosemount einquartieren. Das Haus sei ruhig gelegen, und sie würden mir, hieß es verheißungsvoll, ein Foto schicken.

Das Foto kam mit dem ersten Brief des Sekretärs. Er war mit einer Maschine, die das »h« in die Höhe springen ließ, in doppeltem Zeilenabstand auf ein kleines blaues Blatt getippt worden. Ich hielt das Foto ins Licht und sah mir meine Herberge an. Es gab die Andeutung eines Tudor-Giebels, ein Erkerfenster und etwas wilden Wein, der allgemeine Eindruck war jedoch eher verschwommen, die Pigmente verliefen ineinander, und der Rand war leicht speckig, als könnte die Pension eines jener Geisterhäuser sein, die manchmal an einer Straßenbiegung auftauchen, nur um gleich wieder wegzuschmelzen, wenn der Reisende sich ihnen nähert.

So war ich nicht überrascht, als eine Woche vor meinem Auftritt ein weiterer blauer Brief mit aufstoßendem »h« kam, um mir mitzuteilen, die Pension Rosemount werde renoviert und man müsse mich im Eccles House unterbringen, das sehr günstig gelegen und, wie man höre, durchaus angesehen sei. Wieder hatten sie ein Foto beigelegt. Eccles House war Teil einer langen weißen Reihenhauskette, vier Stockwerke hoch und mit zwei überraschten Dachfenstern. Es rührte mich, dass sie das Gefühl hatten, mir meine Unterkunft mit einem Foto vorstellen zu sollen. Mir war es nicht wichtig, wo ich übernachtete, solange ich es sauber und warm hatte. Natürlich war ich schon oft in Etablissements gelandet, die weder das eine noch das andere waren. Im Winter zuvor hatte ich eine Nacht in einem Gästehaus am Rand von Leicester verbracht, in dem es so abstoßend roch, dass ich mich, als ich im Morgengrauen erwachte, gleich anziehen und das Zimmer verlassen musste. Lange bevor sonst jemand aufwachte, setzte ich meine Stiefel auf den glitschigen, nassen Bürgersteig und wanderte Kilometer um Kilometer an rau verputzten, geschwärzten Doppelhäusern entlang. Hier hatten die Mülleimer Räder, dafür waren die Autos auf Ziegeln aufgebockt. Am Ende jeder Straße wechselte ich auf die andere Seite und ging den Weg zurück, während sich die Einwohner der East Midlands hinter den dünnen Vorhängen in ihren Betten drehten und im Schlaf vor sich hin murmelten, hundert und noch mal hundert und wieder hundert Paare.

In Madrid dagegen hatte mich mein Verlag in einer Hotelsuite untergebracht, die aus vier kleinen, mit dunklem Holz vertäfelten Räumen bestand. Dazu schickten sie ein opulentes, ausladendes, stark duftendes Bukett aus riesigen Blumenrädern mit holzigen Stängeln. Das Hotel brachte schwere Vasen aus gräulichem Glas, die mir aus den Händen zu gleiten drohten. Blütenbeladen verteilte ich sie auf den freien Oberflächen, stolperte von Raum zu Raum und fühlte mich wie eingesargt zwischen den braunen Vertäfelungen, verzweifelt, fremd und mit einem Pollenschleier bedeckt; ein Mensch, der seiner eigenen Beerdigung zu entfliehen versucht. In Berlin hatte mir der Mann an der Rezeption meinen Schlüssel mit den Worten gegeben: »Ich hoffe, Sie haben starke Nerven.«

In den Wochen vor meinem Termin fühlte ich mich gesundheitlich nicht gut. Da war ständig ein leichtes Schimmern am Rand meines Blickfelds, direkt links von meinem Kopf, als versuchte sich dort, ein Engel zu zeigen. Ich hatte keinen Appetit, und meine Träume trugen mich in merkwürdige

Hafenviertel und auf Schiffsbrücken, in heikle Strömungen und seltsame Gezeiten. Als Biografin war ich noch schwächer als gewöhnlich und vertauschte beim Entwirren der verhassten Abstammung meines Objekts Tante Virginie mit der, die den Mexikaner geheiratet hatte. Daraufhin kämpfte ich eine ganze Stunde lang mit einem sich drehenden Magen, weil ich dachte, sämtliche Datumsangaben wären falsch und ich müsste mein gesamtes zweites Kapitel neu schreiben. Am Tag vor meiner Abreise Richtung Osten kapitulierte ich vollständig, legte mich aufs Bett und drückte die Augen zu. Ich empfand weniger Melancholie als eine Art allgemeines Ungenügen, sehnte mich nach jenen drei kurzen, frühen Romanen mit ihrem spröden Personal und verspürte den Wunsch, selbst eine Romanfigur zu sein.

Die Reise verlief ereignislos. Mr Simister, der Sekretär der Gesellschaft, holte mich vom Bahnhof ab. Wie erkenne ich Sie?, hatte er am Telefon gefragt. Sehen Sie wie auf Ihren Buchumschlägen aus? Das tun Autoren nur selten, wie ich finde. Darauf kicherte er, als handelte es sich dabei um eine Bemerkung von höchstem Witz und Scharfsinn. Ich überlegte, und die kurze Pause ließ ihn fragen: Sind Sie noch da? Ich sehe wie auf den Fotos aus, sagte ich. Sie gleichen mir durchaus, nur dass ich natürlich älter geworden bin, im Gesicht schmaler, mein Haar ist weit kürzer und von einer anderen Farbe, und ich lächle nur noch selten so. Verstehe, sagte er. »Und wie erkenne ich Sie, Mr Simister?«, fragte ich.

Ich erkannte ihn an den nervösen Falten auf seiner Stirn und dem Exemplar meines ersten Romans, *Ein Spielverderber zur*

Mittagszeit, den er sich aufs Herz drückte. Er war in einen Mantel geknöpft. Es war Juni, aber das Wetter hatte etwas Winterliches. Ich hatte gedacht, dass er Schluckauf haben würde, wie seine Schreibmaschine.

»Nicht dass die Sache ins Wasser fällt«, sagte er, als er mich zu seinem Wagen brachte. Ich brauchte ein wenig, um zu verstehen, was er damit meinte. Unterdessen hebelte und knarrte er an den Sitzen herum, warf eine verdreckte Abendzeitung auf die Hundedecke hinten und wischte vage mit der Hand über den Beifahrersitz, als wollte er auf magische Weise Steinchen und Hundehaare davon entfernen. »Gehen Ihre Mitglieder bei Regen nicht aus dem Haus?«, sagte ich, als ich seine Worte endlich begriffen hatte.

»Das weiß man nie, das weiß man nie«, antwortete er, knallte meine Tür zu und schloss mich ein. Mein Kopf fuhr automatisch zurück in die Richtung, aus der ich gekommen war. So wie er das heutzutage öfter tut.

Wir fuhren etwa zwei Kilometer in Richtung Stadtmitte. Es war halb sechs, Berufsverkehr. Meinem Eindruck nach befanden wir uns auf einer Ausfallstraße, Lastwagen und Tanker rumpelten zu den Hafenanlagen hinaus, links und rechts standen kranke Setzlinge. Wir kamen zu einem riesigen grünen Kreisverkehr, Mr Simister nahm die fünfte Ausfahrt und versicherte mir: »Es ist jetzt nicht mehr weit.«

»Oh, gut«, sagte ich. Ich musste etwas sagen.

»Vertragen Sie das Reisen nicht?«, fragte Mr Simister bang.

»Ich war krank«, sagte ich, »die ganze letzte Woche.«

»Das tut mir leid.«

Er schien tatsächlich bekümmert, vielleicht fürchtete er,

ich könnte ihm auf seine Hundedecke spucken. Ich wandte den Blick ab und sah auf die Stadt hinaus. An der breiten, geraden, viel befahrenen Straße gab es keine richtigen Geschäfte, sondern nur mit stählernen Rollläden verschlossene Fenster kleiner Firmen, und die schmierigen Scheiben in den oberen Stockwerken hingen voller neonfarbener Transparente, auf denen TAXI TAXI TAXI stand. Es schien eine Gegend freien Unternehmertums zu sein, mit Schuldeneintreibern, Massagesalons, Karosseriewerkstätten und Geldwäschern, Händlern in heruntergekommenen, von zweiter, dritter Hand vermieteten Büros, Läden für Billigflüge nach Miami und Bangkok sowie abgesperrten Höfen, in denen überzüchtete Terrier knurrten und Autos flott überspritzt wurden, bevor sie einen glücklichen neuen Besitzer fanden.

»Da wären wir.« Mr Simister hielt am Straßenrand. »Möchten Sie, dass ich mit hineinkomme?«

»Nicht nötig«, sagte ich und sah mich um. Ich war fern von allem, der Verkehr dröhnte vorbei. Es regnete jetzt, genau wie Mr Simister es vorausgesagt hatte. »Halb sieben?«, fragte ich.

»Achtzehn Uhr dreißig«, sagte er. »Genügend Zeit, um sich frisch zu machen. Oh, übrigens, wir haben uns einen neuen Namen gegeben. Die Buchgruppe. Was meinen Sie? Abnehmende Mitgliederzahlen, verstehen Sie, die Alten sterben.«

»Sie sterben?«

»O ja. Wir müssen uns verjüngen. Sind Sie sicher, dass ich Ihnen nicht mit dem Gepäck helfen soll?«

Eccles House war nicht wirklich das, was das Foto versprochen hatte. Von der Straße zurückgesetzt, schien es aus einem Parkplatz zu wachsen, einem Durcheinander von Autos in doppelten Reihen, das bis an den Rand des Bürgersteigs reichte. Es musste einmal eine Villa von einer gewissen Würde gewesen sein, doch was ich für Stuck gehalten hatte, war tatsächlich eine schnellbindende, auf die Fassade geklatschte Masse: grauweiß und zerfurcht wie ein offenliegendes Hirn oder von einem Riesen zerkautes Nougat.

Ich betrat die Stufen und sah, wie sich Mr Simister in den Verkehr drängte. Der Regen fiel dichter. Auf der anderen Straßenseite gab es einen Teppichhandel mit der Aufschrift ZIMMERGROSSE RESTBESTÄNDE auf einem fast über die gesamte Hausbreite reichenden Plakat. Ein deprimiert aussehender Junge in Regenkleidung verschloss den Laden gerade mit schweren Vorhängeschlössern. Ich sah die Straße hinauf und hinunter und fragte mich, was sie wohl als Essen vorgesehen hatten. Normalerweise entschuldigte ich mich an Abenden wie diesem, lehnte das Angebot eines »kleinen Essens« ab und täuschte vor, einen Anruf zu erwarten oder unter einem nervösen Magen zu leiden. Ich wollte nie länger als nötig mit meinen Gastgebern zusammen sein. Ich bin zwar kein nervöser Mensch, und es bereitet mir keine Schwierigkeiten, vor hundert Leuten oder mehr zu sprechen, aber das Reden hinterher laugt mich aus: die zwinkernde Heiterkeit, die »Buchgespräche«, die wie eine quietschende Angel an meinen Nerven zerren.

Also schlich ich mich davon, und wenn ich das Hotel nicht hatte überreden können, mir etwas auf einem Tablett aufzubewahren, ging ich aus und suchte mir ein kleines, dunkles, halb leeres Restaurant am Ende einer Einkaufsstraße, wo es einen Teller Pasta oder ein Schollenfilet gab, dazu eine halbe Flasche schlechten Wein, einen Dieselöl-Espresso und ein Gläschen Strega. Aber heute? Heute würde ich mich in jedes Arrangement fügen müssen, das sie für mich vorgesehen hatten. Weil ich keine Teppiche oder »persönlichen Dienstleistungen« essen und auch keinem Drogendealer-Hund seinen Knochen abschwatzen konnte.

Das Haar vom Regen geglättet, trat ich ins Innere des Hauses, hinein in den Gestank dieser Art Unterkunft. Sofort musste ich an meinen Besuch in Leicester denken, aber Eccles House spielte in einer eigenen Stickigkeitsklasse. Ich stand da und atmete vorsichtig ein – man muss schließlich atmen –, roch den Teer von zehntausend Zigaretten, das Fett von zehntausend Frühstücken, das leckende, metallene Sickerwasser Tausender Rasiermesserschnitte und den Maronenhauch nächtlicher Emissionen. Jeder dieser Gerüche, seit Jahrzehnten nicht auslöschbar, hatte sich tief in den schlaffen Chintz der Vorhänge und des scharlachroten Teppichs gefressen, der die enge Treppe hinaufführte.

Gleich fühlte ich meinen Schutzengel im Augenwinkel aufscheinen. Die Schwäche, die er mit sich brachte, das Migränepochen und die Übelkeit breiteten sich schnell im ganzen Körper aus. Ich hob die Hand und stützte mich an der tapezierten Wand ab.

Eine Rezeption schien es nicht zu geben, keinen Ort, an dem man sich eintragen musste. Wahrscheinlich wäre es völlig unsinnig: Wer stieg hier schon ab, der unter seinem richtigen Namen reiste? Das tat ich schließlich auch nicht. Manchmal kam ich ganz durcheinander – die Entwirrungen nach der Scheidung, Geschäftskontonamen, das Pseudonym, unter dem ich meine frühen Geschichten verfasst hatte und das tatsächlich der Name einer meiner Großmütter war … Wenn man sich auf dieses Geschäft einlässt, sollte man sicher sein, dass es einen Namen gibt, den man behalten kann: einen Namen, dem man sich zugehörig fühlt, ganz gleich, was geschieht.

Von irgendwoher – hinter einer Tür und noch einer Tür – war lautes männliches Lachen zu hören. Die Tür schloss sich, und das Lachen versiegte in einem Röcheln, das wie ein weiterer Geruch durch die Luft trieb. Dann griff eine Hand nach meiner Tasche. Mein Kopf fuhr zur Seite, und ich sah ein kleines Mädchen – ein Mädchen, meine ich, im späten Teenageralter, eine winzige, gebeugte Person, der meine Tasche gegen den Schenkel schlug.

Sie sah auf und lächelte. Ihr gelbliches Gesicht trug einen Ausdruck verwilderter Süße. Die Augen waren groß und dunkel, der Mund bildete einen straffen Bogen, die Nasenlöcher schienen nach Witterung zu suchen. Der Hals wirkte wie verbogen, und die Muskeln rechts waren angespannt, als hielte ihn eine große, strafende Hand gepackt und wollte ihn nicht wieder loslassen. Der ganze Körper war klein und verdreht, eine Hüfte stieß vor: Ein Bein lahmte, der Fuß wurde nachgezogen. Das Mädchen hatte sich bereits in Bewegung gesetzt und schleppte meine Tasche zur Treppe.

»Lassen Sie mich die tragen.« Ich habe, wissen Sie, nicht nur die Notizen zum jeweiligen Kapitel dabei, an dem ich gerade arbeite, sondern auch mein aktuelles Tagebuch sowie die vorherigen, in spiralgehefteten DIN-A4-Kladden, die mein gegenwärtiger Partner nicht lesen soll, während ich unterwegs bin: Ich überlege sorgfältig, was geschehen würde, wenn ich auf einer Reise sterben sollte und einen Schreibtisch voller Textfetzen und unstrukturierter Recherchenotizen zurückließe. Deshalb ist meine Tasche zwar klein, aber bleischwer, und ich lief hinter der Kleinen her, um sie ihr aus den armen Händen zu ziehen, stellte dann aber fest, dass die scharlachrote, stinkende Treppe steil aufschoss und die Stufen hoch genug waren, um einen Unachtsamen zu Fall zu bringen. Eine scharfe Wende brachte uns auf den ersten Treppenabsatz. »Bis ganz nach oben«, sagte die Kleine und drehte dabei den Kopf, um mir über die Schulter zuzulächeln. Das Gesicht schwenkte in einen hässlichen Winkel, fast bis an die Stelle, wo ihr Hinterkopf gewesen war, und schon flitzte sie, sich auf die Seite ihres erhöhten Schuhs lehnend, schnell und krabbenartig in den zweiten Stock.

Sie hängte mich ab und entschwand mir. Im zweiten Stock war ich schon nicht mehr im Rennen. Auf dem Weg in den dritten Stock spürte ich wieder den Engel neben mir. Die Treppe war jetzt eher eine Leiter, der Gestank wirkte fester und klumpte in meiner Lunge. Ich war außer Atem und hielt inne. »Nur noch ein paar Stufen«, rief sie von oben, und ich stolperte weiter.

Sie öffnete die einzige Tür auf dem Treppenabsatz. Das Zimmer war ein Splitter: nicht einmal eine Mansarde, nur ein abgetrenntes Stück Gang. Es gab ein klapperndes Schiebefenster, einen öden Diwan mit einem braunen Bezug und einen kleinen braunen Sessel mit einer geknöpften Plüschlehne, die, wie ich gleich sah, mit einer Art grauem, staubigem Raureif überzogen war, Nabelflusen gleich, die sich hinter den Knöpfen verdickten. Mir war schlecht, von diesem Gedanken und dem Aufstieg. Die Kleine sah mich mit wackelndem Kopf und einem ungewissen Ausdruck an. In der Ecke stand ein Plastiktablett mit einem kleinen Wasserkocher aus vergilbtem Kunststoff. Gelbliche Weizenähren schmückten ihn. Es gab auch eine Tasse. »Das ist alles umsonst«, sagte sie. »Kostenlos. Im Preis inbegriffen.«

Ich lächelte und neigte gleichzeitig bescheiden den Kopf, als legte mir jemand eine Ehrenmedaille um den Hals.

»Es ist im Preis mit drin. Sie können sich Tee kochen. Sehen Sie doch.« Sie hob ein Tütchen mit Pulver in die Höhe. »Oder Kaffee.« Sie hielt immer noch meine Tasche in der Hand, und als ich nach unten sah, stellte ich fest, dass ihre Hände groß und knöcherig und wie die eines Mannes mit kleinen, unbehandelten Kratzern bedeckt waren. »Es gefällt ihr nicht«, flüsterte sie und ließ den Kopf auf die Brust sinken. Es war keine Resignation, sondern ein Zeichen von Entschlossenheit. Schon war sie aus dem Zimmer, lief zur Treppe und drängte wieder nach unten, bevor ich Luft holen konnte.

Meine Stimme drang ihr hinterher. »Oh, bitte ... wirklich, nein ...«

Sie stürzte voraus, um die enge Biegung der Treppe herum. Ich folgte ihr, streckte den Arm nach ihr aus, aber sie entwischte mir. Ich schnappte nach Luft. Ich wollte nicht wieder nach unten, verstehen Sie, und dann vielleicht wieder hier hochmüssen. Obwohl ich da noch nicht wusste, dass mit meinem Herzen etwas nicht stimmte. Das habe ich erst in diesem Jahr herausgefunden.

Wir waren zurück im Erdgeschoss. Die Kleine zog einen dicken Schlüsselbund aus der Tasche. Wieder schallte ein galliges Lachen durchs Haus, das nicht zu lokalisieren war. Die Tür, die sie öffnete, war jedoch in jedem Fall zu nah an diesem Lachen, viel zu nah für mein inneres Gleichgewicht. Das Zimmer selbst war genau wie das andere, nur dass in ihm auch noch ein Küchengeruch hing, trügerisch süß, als läge eine Leiche im Schrank.

Was für einen langen Weg ich an diesem Tag doch zurückgelegt hatte, seit ich aus meinem Doppelbett gekrochen war, auf dessen anderer Seite ein Mensch mit leichtem Schlaf lag, der mir mitunter immer noch wie ein Fremder vorkam. Ich hatte London durchquert, war nach Osten gefahren, die Treppe hinauf- und hinabgestiegen und fühlte mich diesem stürmischen, bierigen Lachen unbekannter Männer viel zu nah. »Ich würde lieber …«, sagte ich. Ich wollte sie fragen, ob wir es nicht auf einer der mittleren Etagen probieren könnten. Aber vielleicht waren nur diese Zimmer frei? Es waren die anderen Gäste, die ich nicht mochte, der Gedanke an sie, und hier unten im Erdgeschoss war ich zu nah an der Bar, am Schlagen der Eingangstür, die Regen und Zwielicht hereinließ, zu nah am sich drängenden Verkehr draußen … Sie nahm meine Tasche. »Nein …«, sagte ich. »Bitte. Bitte nicht. Lassen Sie mich …«

Aber sie war schon wieder unterwegs und schwankte eilig über den scharlachroten Teppich; das Bein zog sie wie einen lange Zurückgewiesenen nach. Ich hörte sie über mir einatmen und zu sich selbst sagen: »Sie hat gedacht, es wäre noch schlimmer.«

Ich holte sie erst oben wieder ein. Sie lehnte in der Tür und ließ keinerlei Anzeichen von Anstrengung erkennen, nur dass ein Augenlid krampfartig zuckte. Der Mundwinkel hob sich synchron mit und zog die Lippe von den Zähnen. »Es ist gut«, sagte ich. Meine Rippen bebten vor Anstrengung. »Wir müssen uns keine anderen Zimmer mehr ansehen.«

Unversehens erfüllte mich Übelkeit. Der Migräne-Engel lehnte schwer auf meiner Schulter und rülpste mir ins Gesicht. Ich wollte mich aufs Bett setzen, doch die Höflichkeit verlangte anderes. Die Kleine hatte meine Tasche abgestellt und sah ohne sie noch schiefer aus. Ihre großen Hände hingen nach unten, ein Fuß scharrte über den Boden. Was sollte ich tun? Sie zu einer Tasse Tee einladen? Ich wollte ihr etwas Geld geben, konnte aber nicht sagen, was für solch eine Trageleistung angemessen war, und im Übrigen, dachte ich, gab es bis zu meiner Abreise sicher noch mehr, wofür ich ihr Dank schuldete. Vielleicht war es da besser, eine Gesamtrechnung aufzumachen.

Betrübt stand ich in der Tür und wartete auf Mr Simister. Meine Nase lief ein wenig. Endlich kam er, und ich sagte: »Ich habe Heuschnupfen.«

»Wir sind ganz in der Nähe«, sagte er und nach einer langen Pause: »Vom Veranstaltungsort.« Wir könnten zu Fuß gehen, meinte er. Ich wich in den Türeingang zurück. »Aber angesichts Ihrer Leiden …« Ich schrumpfte innerlich zusammen. Was wusste er von meinen Leiden?

»Wobei ein Abend wie dieser«, fuhr er fort, »den Pollenflug einschränkt. Hätte ich gedacht. Etwas.«

Ich sollte meinen kleinen Vortrag an einem Ort halten, den ich nur als ausgediente Schule beschreiben kann. Es gab lange Korridore und diese polierten Schilder an den Wänden, auf denen Dinge stehen wie: »J. K. Rowling, Cantab. 1963«. Dazu kamen auch noch Reste von Schulgeruch – nach Putzmittel und Füßen. Hinweise auf einen aktuellen Schulbetrieb und tatsächlich noch vorhandene Schüler fanden sich keine. Vielleicht waren ja alle in die umliegenden Hügel geflohen und hatten ihre Schule der Buchgruppe überlassen.

Trotz des Regens kamen sie in heroischer Zahl: Es waren wenigstens zwanzig. Sie verteilten sich weit über die langen Reihen und hielten taktvoll Abstand voneinander: für den Fall, dass die Toten doch noch kamen. Einige schielten, andere gingen am Stock, viele hatten Bärte, auch die Frauen, und die jüngeren Mitglieder – selbst die, die zunächst normal und vernünftig erschienen – hatten einen glasigen, unscharfen Blick und dicke Pakete unter den Stühlen, die ich als Science-Fantasy-Romane erkannte. Diese Manuskripte, so wünschten sie es sich, sollte ich mitnehmen, lesen und ihnen anschließend kommentiert zurückschicken, alles »so, wie Sie Zeit haben, natürlich«.

Man kann jemanden einfach nur ansehen, man kann ihn aber auch auf die professionelle, unpersönliche Art ansehen. Ich setzte mich hinter meinen Tisch, nahm einen Schluck Wasser, blätterte durch meine Notizen, versicherte mich, dass mein Taschentuch am richtigen Ort war, hob den Kopf, ließ den Blick durch den Raum gleiten, versuchte mich in einer Art theoretischem Blickkontakt und schickte ein Lächeln vom linken zum rechten Rand des Publikums: Ich sah dabei sicherlich wie einer jener Wackeldackel aus, die man früher in Austin Maestros auf der Hutablage sitzen sah. Mr Simister hob sich auf die Füße – zu sagen, »er stand auf«, würde der beeindruckenden Leistung nicht gerecht werden, die es tatsächlich war. »Unserem Gast ging es in der letzten Woche nicht gut, was Ihnen so leidtun wird wie mir – Heuschnupfen –, also wird sie ihren Vortrag im Sitzen halten.«

Ich fühlte mich bereits wie eine Närrin, eine größere Närrin als nötig. Niemand blieb wegen Heuschnupfen sitzen. Aber ich dachte, gib niemals Erklärungen. Elegant ratterte ich durch meine Ausführungen, streute hier und da einen Scherz sowie zwei ganz und gar bemühte Anspielungen auf örtliche Gegebenheiten ein. Hinterher gab es die üblichen Fragen. Woher kam der Titel für mein erstes Buch? Was geschah nach dem Ende von *Zum Tee in Bedlam* mit Joy? Was waren, im Rückblick, wichtige Einflüsse, die mich geformt hatten? (Ich antwortete mit meiner gewohnten Liste obskurer, ja, nicht existenter Russen.) Ein Mann in der ersten Reihe ergriff das Wort: »Darf ich fragen, was der Grund für Ihren Ausflug in den Bereich der Biografie ist, Miss Äh? Oder sollte ich Mrs sagen?« Ich lächelte schwächlich, wie ich es immer tue, und bot an: »Warum sagen Sie nicht einfach Rose?« Was zu einer kleinen Aufregung führte, da ich nicht so heiße.

Auf dem Weg zurück sagte Mr Simister, seiner Meinung nach sei der Abend ein ziemlich großer Erfolg gewesen, und ganz gewiss seien mir alle zutiefst dankbar. Meine Hände waren noch feucht von der Berührung der Science-Fantasy-Autoren, auf dem Bündchen meiner Bluse war ein Filzstiftfleck, und ich hatte Hunger.

»Nebenbei bemerkt, ich nehme an, Sie haben gegessen«, sagte Mr Simister. Ich sank tiefer in meinen Sitz. Ich wusste nicht, wie er Derartiges annehmen konnte, entschied mich jedoch auf der Stelle für das Verhungern. Alles war besser, als mit ihm eine Lokalität aufzusuchen, in der die Mitglieder der Buchgruppe unter der Tischdecke lauerten oder am Kleiderständer hingen, kopfüber wie Fledermäuse.

Ich stand im Flur des Eccles House und schüttelte ein paar Regentropfen von mir. In der Luft hing der durchdringende Geruch alten Speiseöls. Das Essen war also vorüber: Alle Pommes frittiert? Eine häusliche Smogschicht schwebte etwa auf Kopfhöhe. Aus den Schatten am Fuß der Treppe löste sich der Umriss des Mädchens. Es sah zu mir auf. »Wir haben hier normalerweise keine Damen«, sagte die Kleine. Ihre Zunge, begriff ich, war zu groß für ihren Mund. Da war ein Rascheln in ihrer Stimme, als riebe sich der Gott, der sie gemacht hatte, die trockenen Hände.

»Was machen Sie?«, sagte ich. »Warum sind Sie … warum arbeiten Sie immer noch?«

Hinter einer halb offenen Tür schepperte es, ich hörte einen Schlag, Flaschen, die gegeneinanderstießen, eine Kiste wurde über den Boden geschoben. Eine Sekunde später rief jemand: »Mr Webley!«

Eine andere Stimme rief: »Scheiße, was ist denn jetzt schon wieder?« Ein kleiner schmutziger Mann mit einer Weste wankte aus einem Büro und ließ die Tür einen Spalt offen, sodass ein sich gefährlich zur Seite neigender Aktenstapel sichtbar wurde. »Ah, die Schriftstellerin!«, sagte er.

Ich war es nicht, die ihn gerufen hatte, doch ich reichte aus, um ihn verweilen zu lassen. Vielleicht glaubte er, der Pension Rosemount ihr Schriftstellergeschäft wegschnappen zu können. Er starrte mich an: ging eine Weile um mich herum: war nahe daran, an meinem Ärmel zu zupfen. Er hob sich auf die Zehenspitzen und reckte mir sein Gesicht entgegen.

»Alles angenehm?«, fragte er.

Ich wich einen Schritt zurück und trat auf das kleine Mädchen. Ich spürte, wie sich mein Absatz in ihr Fleisch drückte. Sie wand ihren zurückzuckenden Fuß unter meinem hervor, ohne ein Geräusch von sich zu geben.

»Louise«, sagte der Mann. Er saugte an seinen Zähnen. »Verpiss dich auf der Stelle«, sagte er.

Ich eilte die Treppe hinauf und blieb erst auf dem zweiten Treppenabsatz wieder stehen. Der ganze Abend nahm eine überhöhte, bedrängende Qualität an. Diese Männer namens »Sinister« und Webley, vielleicht kannten sie sich. Ich muss mich dieser einen Nacht in diesem Zimmer stellen, dachte ich, ohne Gesellschaft, und sehen, was für eine Bettwäsche sich unter der kackfarbenen Frottéplüschdecke verbirgt. Einen Moment lang war ich unsicher, ob ich hinauf- oder hinabgehen sollte. Wenn ich nichts aß, würde ich nicht schlafen können, aber da draußen war der Regen, eine mondlose Nacht in einer fremden Stadt, und ich war Kilometer vom Zentrum entfernt und hatte keinen Stadtplan. Ich hätte ein Taxi bestellen und dem Fahrer sagen können, er solle mich an einen Ort fahren, an dem ich etwas zu essen bekäme. So machen sie es in Büchern, aber im richtigen Leben nie, oder?

So stand ich also mit mir selbst debattierend da und sagte, komm schon, komm schon, was würde Anita Brookner tun? Dann spürte ich, wie sich etwas bewegte, über mir, nur eine leichte Luftbewegung im allgegenwärtigen Mief. Mein linkes Auge funktionierte kaum noch, und in der Welt seitlich meines Kopfes waren schartige Löcher, sodass ich den ganzen Körper drehen musste, um sicher zu sein, dass ich sah, was ich sah. Dort in der Dunkelheit stand das kleine Mädchen, direkt über mir. Wie? Mein armes, noch nicht diagnostiziertes Herz versetzte meinen Rippen einen hohlen Schlag, aber mein Kopf sagte kühl: eine Fluchttreppe? Ein Lastenaufzug?

Sie kam herunter, stumm, entschlossen, die ausgetretenen Stufen dämpften das Kratzen ihres Schuhs. »Louise«, sagte ich. Sie legte ihre Hand auf meinen Arm. Ihr zu mir aufschauendes Gesicht schien zu leuchten. »Er sagt das immer so«, murmelte sie. »Dass ich verschwinden soll.«

»Sind Sie mit ihm verwandt?«, fragte ich.

»O nein.« Sie wischte sich etwas Sabber vom Kinn. »Überhaupt nicht.«

»Haben Sie nie frei?«

»Nein, ich muss am Ende die Aschenbecher ausleeren, und in der Bar muss ich spülen. Sie lachen mich aus, die Männer. Sagen, hast du keinen Freund, Louise? Sie nennen mich ›Hüfti‹.«

Ich hängte meinen Mantel außen an den Schrank, bereit zum Aufbruch. Das ist eine Art, mich selbst aufzumuntern, die ich mir in dem Hotel in Berlin beigebracht habe. Meine Wangen brannten. Ich fühlte das Stechen der Beleidigungen, das tägliche Gekicher. Aber »Hüfti« schien noch ein zahmer Name, wenn man bedachte … Mir kam der fürchterliche Gedanke, dass sie eine Art Test darstellte. Ich war ein Reporter, der in einem Kriegsgebiet eine Waise findet, ein mit Flechten überzogenes kleines Mädchen, das in den Ruinen schreit. Soll er das einfach nur melden, oder soll er das kleine Wesen mitnehmen, es mit nach Hause schmuggeln, ihm Englisch beibringen und es im Umland von London aufwachsen lassen?

Die Nacht wurde, wie es vorauszusehen gewesen war, von lärmenden Autoalarmanlagen zerrissen, von Radiomusik aus anderen Zimmern und dem fernen Brüllen angeketteter Tiere. Ich träumte von der Pension Rosemount, deren Mauern um mich verblichen, deren Erkerfenster zu nichts zerschmolz. Einmal, während ich mich halbwach unter der schwammartigen Tagesdecke hin und her warf, glaubte ich, Gas zu riechen, fiel wieder in Schlaf und roch das Gas in meinem Traum. Und da war auch die Buchgruppe; ihre Mitglieder rollten unter dem Bett hervor, kicherten und verstopften die Ritzen um Fenster und Tür mit ihren zerrissenen Manuskriptseiten. Keuchend wachte ich auf. Eine Frage schwebte in der stinkenden Luft. Was war denn nun der Grund für Ihren Ausflug in den Bereich der Biografie, Miss Äh? Und wo wir schon dabei sind: Was war der Grund für den Ausflug ins Ausflügemachen? Was der Grund für den Grund?

Um halb sieben war ich unten. Der Himmel war heiter. Ich fühlte mich hohl in der Mitte und übel gelaunt. Die Tür stand offen, und das Licht wusch wie sonnenwarme Margarine über den Teppich.

Mein Taxi, wie immer im Voraus gebucht, um schnell wegzukommen, stand am Bordstein. Ich sah mich vorsichtig nach Mr Webley um. Im Inneren von Eccles House bildete sich bereits wieder ein feiner Dunst. Raucherhusten rasselte über die Gänge, lautes Räuspern war zu hören, das Spülen von Toiletten.

Etwas berührte meinen Ellbogen. Louise war geräuschlos neben mich getreten. Sie wand mir die Tasche aus der Hand. »Sie sind ganz allein heruntergekommen«, flüsterte sie staunend. »Sie hätten mich rufen sollen. Ich wäre gekommen. Wollen Sie Ihr Frühstück nicht?«

Es schien sie zu schockieren, dass jemand sein Essen nicht wollte. Gab Webley ihr etwas, oder ernährte sie sich von Resten? Sie hob den Blick, sah mich an und ließ den Kopf sinken. »Wenn ich Sie nicht zufällig gesehen hätte«, sagte sie, »wären Sie einfach gegangen. Ohne Auf Wiedersehen zu sagen.« Wir standen auf dem Bürgersteig. Die Luft war mild. Der Fahrer las seinen *Star*. Er sah nicht auf.

»Kommen Sie vielleicht einmal wieder?«, flüsterte Louise.

»Ich glaube nicht.«

»Ich meine, irgendwann?«

Woran ich keinen Zweifel hegte: Hätte ich ihr gesagt, sie solle in das Taxi steigen, hätte sie es getan. Schon wären wir davongefahren, ich völlig durcheinander, voller Angst vor der Zukunft, sie gelb und voller Vertrauen, die verrückten Augen ein einziges Leuchten, mit dem sie mich anstrahlte. Aber was dann?, fragte ich mich. Was tun wir dann? Und habe ich das Recht dazu? Sie ist erwachsen, so klein sie ist. Irgendwo hat sie eine Familie. Ich starrte sie an. Im hellen Tageslicht war ihr Gesicht gelbstockig, wie mit kaltem Tee gefärbt. Ihre breite, glatte Stirn war mit dunkleren Flecken überzogen, von der Größe und Farbe alter Kupfermünzen. Ich hätte heulen können. Stattdessen holte ich mein Portemonnaie aus der Tasche, sah hinein, nahm einen Zwanzig-Pfund-Schein heraus und drückte ihn ihr in die Hand. »Louise, kaufst du dir bitte etwas Schönes?«

Ich sah ihr nicht ins Gesicht, ich stieg einfach ins Taxi. Die Aura meiner Migräne war jetzt so stark, dass die Welt links von mir aufgehört hatte zu existieren. Nur gelegentlich blitzte es dort gelb auf. Mir war schlecht vor Entkräftung und moralischer Leere, doch als das Taxi sich dem Bahnhof näherte, wurde ich leicht satirisch, *faute de mieux*, und dachte, A. S. Byatt hätte sich mit Sicherheit besser geschlagen; nur will mir nicht einfallen, wie.

Am Bahnhof, nachdem ich den Fahrer bezahlt hatte, stellte ich fest, dass ich nur noch 1,50 Pfund besaß. Der Geldautomat war außer Betrieb. Natürlich hatte ich eine Kreditkarte, und hätte es einen Speisewagen gegeben, hätte ich im Zug frühstücken können. Es hieß dann aber, es gebe »einen Kioskwagen im hinteren Zugteil«, und fünf Minuten nachdem wir losgefahren waren, setzte sich ein Junge neben mich, einer der Söhne der Stadt, und aß einen grauen Fleischschwamm aus einer Pappschachtel, der seine Finger fettig glänzen ließ.

Zu Hause angekommen, warf ich meine Tasche in die Ecke, als ob ich sie hasste, und ging in die Küche. Der Abwasch vom Vorabend stand noch da, mit zwei Weingläsern. Ich aß einen trockenen Käse-Cracker direkt aus der Dose. Zurück an die

Arbeit, dachte ich. Setz dich hin und tippe. Sonst stirbst du noch an Überdruss.

In den nächsten paar Wochen nahm meine Biografie einige unerwartete Wendungen. Tante Virginie und der Mexikaner tauchten ziemlich oft im Text auf. Ich begann, Versionen zu schreiben, in denen die beiden miteinander durchbrannten und mein Objekt (deswegen) nie geboren wurde. Ich sah sie auf einer wilden Ehebrecher-Tour durch Europa reisen, begleitet vom Klirren zerschellender Gläser: Sie vertilgten die Champagnervorräte ganzer Badeorte und knackten die Bank von Monte Carlo. Ich schrieb, dass der Mexikaner mit dem gewonnenen Geld nach Hause fuhr und eine erfolgreiche Revolution anführte, mit Tante Virginie als einer Art La-Passionara-Gestalt, aber tanzend, als wäre Isadora Duncan plötzlich mit von der Partie. Es war alles ganz anders als in meinen früheren Romanen.

Im Frühherbst des Jahres, drei Monate nach meiner Reise in den Osten, kam ich auf dem Weg nach Hampshire, wo ich einen Vortrag in einer Bibliotheksfiliale halten sollte, an der Waterloo Station vorbei. Ich erwartete mittlerweile nichts mehr von der Gastronomie außerhalb Londons, und als ich mich von der Sandwich-Theke abwandte, ein Baguette in Händen, das ich vorsichtig mit nach Alton nehmen wollte, lief ein großer junger Mann in mich hinein und stieß mir mein Portemonnaie aus der Hand, das im hohen Bogen davonflog. Es war ein volles Portemonnaie, bis an den Rand mit Münzen gefüllt, die zwischen die Füße der vorbeieilenden Reisenden rollten und sprangen und sich rotierend und rutschend auf dem glatten Boden verteilten. Ich hatte Glück, denn die vom Eurostar heranströmenden Leute begannen zu lachen, jagten meinem kleinen Vermögen hinterher und sahen es als sportliche Herausforderung, jeden einzelnen Penny zu erwischen und einzusammeln: Vielleicht dachten sie, es sei eine Art umgekehrtes Betteln oder sonst eine Londoner Sitte, wie die Pearly Kings. Der junge Mann selbst hüpfte und drängte zwischen den europäischen Beinen hindurch, und am Ende war er es, der eine Handvoll Münzen zurück in mein Portemonnaie leerte. Er tat es mit einem breiten Lächeln und drückte mir eine Sekunde lang beruhigend die Hand. Staunend sah ich in sein Gesicht: Er hatte große blaue Augen, wirkte scheu und doch selbstbewusst, war gut einen Meter achtzig groß und leicht gebräunt, stark, aber taktvoll und zuvorkommend. Sein indigoblaues Leinenjackett war kunstvoll zerknittert, das Hemd blendend weiß. Er war, alles in allem, so sauber, so süß, so golden, dass ich zurückwich, weil ich dachte, er müsse Amerikaner sein und kurz davorstehen, mich zu einem Kult zu bekehren.

In der Bibliothek fand ich eine ehrgeizige Anzahl Stühle – auf den ersten Blick zählte ich fünfzehn – zu einem Halbkreis angeordnet. Die meisten waren besetzt: ein stiller Triumph, oder? Ich schaltete nicht auf Autopilot, nur als die Diskussion auf meine Einflüsse kam, ließ ich etwas die Zügel schießen und erfand einen portugiesischen Schriftsteller, der, wie ich es ausdrückte, Pessoa wie einen Kasper wirken ließ. Der goldene junge Mann drängte sich immer wieder in meine Gedanken, und ich dachte, dass ich mit jemandem von seiner Art gern einmal ins Bett gegangen wäre, der Abwechslung halber. Stand nicht jedem eine Abwechslung zu? Aber er gehörte einer anderen Wesensart an, flog in einem anderen Flugzeug. Der Abend schritt voran, und ich begann, mich kalt und entblößt zu fühlen, als pfiffe mir ein Wind durch die Knochen.

Ich saß noch eine Weile wach, in einem annehmbar bequemen Bett in einem annehmbar sauberen Zimmer, las *The Right Side of Midnight*, machte mir am Rand Notizen und fragte mich, wie ich je hatte denken können, dass die Leser es mögen würden. Meine Wangen glühten auf dem klumpigen Kissen, und die gewohnten Bilder des Versagens erfüllten mich, doch dann, etwa gegen drei Uhr, muss ich eingeschlafen sein.

Ich erwachte erfrischt aus traumlosem Schlaf: ein Apfelmostmorgen mit einer perlenden Schärfe in der Luft. Ich stand auf und war erfreut zu sehen, dass jemand die Dusche gesäubert hatte: Ich konnte es wagen, mich unter sie zu stellen, und tat es. Kaltes Wasser lief mir über den Kopf. Meine Augen öffneten sich weit. Was war das? Ein Wendepunkt?

Ich stieg in den vollen Acht-Uhr-Zug, und es juckte mir bereits in den Fingern, mein Notizbuch herauszuholen. Kaum hatten wir den Bahnhof verlassen, schob ein grinsender junger Steward einen vollgepackten Teewagen den Gang herunter. Als sie seine Ginormous Harvest Cookies und seine in Zellophan verpackten Golden Toastie Crunches sahen, wedelten die Männer um mich herum mit ihren Exemplaren der *Financial Times*, begannen, mit den Fingern zu zeigen und schwatzten aufgeregt. »Tee?«, rief der Steward. »Mit Vergnügen, Sir! Einen kleinen oder einen großen?«

Ich sah, dass der große einfach nur ein kleiner mit mehr Wasser war, ließ mich jedoch mitreißen, erfüllt von der allgemeinen Gutmütigkeit. Ich holte mein Portemonnaie heraus, und als ich es öffnete, sah ich überrascht, dass die Köpfe der Königin ordentlich angeordnet waren und alle nach oben zeigten. Und war da nicht einer mehr als erwartet? Ich runzelte die Stirn. Meine Finger blätterten durch die Scheine. Ich war mit achtzig Pfund von zu Hause weggefahren, und es schien so, als käme ich mit etwa hundert zurück. Ich war verblüfft (als der Steward mir meinen großen Tee gab), aber nur für einen Augenblick. Ich musste an den jungen Mann mit seinem breiten weißen Lächeln und dem aschblonden, goldgesträhnten Haar denken, an die gebräunte Vollkommenheit seines festen Fleisches und die Anmut seiner Hand, als sie meine umfasst hatte. Ich schob die Scheine zurück, steckte das Portemonnaie weg und fragte mich: Welcher meiner Defekte war ihm zuerst aufgefallen?

DER BMW IM WEG

Thomas Gsella

Ein heller Morgen auf der Schwelle zum Frühling, einer jener Tage im April, da Vorboten der guten Jahreshälfte durch die Straßen wehen und all die noch vor Kurzem abweisend kalten Dinge auf geheimnisvolle Art erwärmen, den bunten Häuserfronten jene lichte Freundlichkeit verleihen, die man aus dem Süden kennen tut; laue Winde mit dünnen, kaum merklichen Spuren duftender Samen und Protonen sind es, die wie sanfte Hände auf die Haut sich legen, kribbelnd und krabbelnd, wehend und wiegend, unsichtbare Oberbetten aus Satin und fluktuierende Kaschmir-Atome, göttergleiche Engelchen aus Odem, Luft und Präsubstanzoxiden, episkopalische Korpuskeln aus dem großen, nie enden wollenden Reservoir globalirdischer Luftexistenz, yeah.

Viel mischt sich unter dieses Feeling, unter anderem Genugtuung darüber, dass man den Winter überstanden hat und nun jene Jahreszeit auf dem Programm des Schöpfers steht, die seit Äonen nach dem Winter kömmt: der – Frühling! Das Fahrrad packt man aus an solchen Tagen, lässt sich zur Arbeit rollen und pfeift ein Melodiechen. Flötflöt geht es, flötflöt und hollahi, man grüßt die Bäume, schäkert mit blühenden Büschen, hat ein Lächeln für den pickeligen Maklersohn von nebenan und wünscht den Schwalben Glück, wenn sie, Sternschnuppen des Tages, pfeilschnell durch die Häuserschluchten flirren, dabei erste kleine Fliegenkinder fangen und verdrücken.

Aber abrupt musste ich bremsen. Am Beginn einer Sackgasse standen sich zwei Autos gegenüber, Schnauze an Schnauze, freilich leicht versetzt, und weil die Sackgasse sehr schmal war und auch die Bürgersteige zugeparkt, kam ich nicht dran vorbei auf meinem rostig schlotterigen Mistfahrrad. Sondern war zwischen beider Motorhauben eingezwängt und hatte den Salat: zwei Stimmen aus zwei Autos, die Stimmen der Fahrer.

»Ich bitte Sie, was soll das denn?«

»Machen Sie Platz! Na los, weg da!«

Die erste Stimme weiblich und gefasst, die zweite männlich und vorm Überdrehen. Ich saß auf dem Rad, den rechten Fuß am Boden, und freute mich am Anblick jener wunderschönen etwa vierzigjährigen Frau, deren linker angewinkelter Arm aus dem geöffneten Seitenfenster ragte. Ihre Hand hielt eine Zigarette. Unter einem keck lindgrünen Stirnband kuckten Wuschelhaare raus, den Rest hab ich vergessen.

Nun sah die Frau mich auch.

»Soll ich etwa zweihundert Meter zurückrollen? Wenn der Trottel nur ein Stückchen rückwärtsfährt, passe ich vorbei.«

»Von wegen! Nix da! Sie haben mich doch kommen sehen! Sie müssen zurückfahren!«

»Aber es wäre für Sie doch viel kürzer.«

»Äähh, nix da! Ich bleibe hier!«

Langsam kurvte seelenruhig eine kleine Wolke durch die Luft, tupfte runde Wanderschatten auf die Problemsackgasse und zerfiel urplötzlich mäuschenstill, als wär ihr eingefallen, dass heute blauer Himmel war. Prüfend fühlte ein moosgrünes Käferchen an meinem linken Schuh herum, zog einverstanden die Antennen ein, bestieg den Schlappen aufgeräumt und rutschte wieder runter. Ich drehte den Kopf nach hinten und nickte dem Mann in seinem BMW zu. Viel spiegelte sich in der gewienert glatten Frontscheibe, doch war ein breitkinniger, kaum zwanzig Jahre alter Seelensack sofort erkennbar; ein auch seitens Gott konzeptionell zum Streicheln freigegebenes Jungbörsianerferkelchen mit Schirm, Charme und jenen süßen Erfolgsstirnknitterfältchen, die diese Jungwildsäue immer tragen, wenn sie bei ihren Schweinereien wieder mal die Hauer vorne hatten – ein dezidierter Spitzensaukopf also, und es stimmt ja traurig, dass diese Kakerlaken wirklich immer grad so rattenblöd sind, wie sie ausschauen, da macht auch meine Sitcom keine Ausnahme; so ein Mistkäfer hockte halt in seinem vorgeschriebenen Doof-BMW 530 000 und baute stur den Dreck, den man von ihm erwartet, rief:

»Ich hab Zeit!«

Und stellte, das fötenblöde Meerschweinchen, den Motor aus. Stille. Entfernt floss Stadtverkehr, sein Rauschen verebbte im Bewuchs eines ans Gässchen grenzenden Kinderspielplatzes. Nah zig Grillen zirpten. Auch eine Hummel brummte an meinem Kopf vorbei in Richtung Schaukel, guckte sich den Spielplatz an, zickzack zurück zum Spielplatzrandgestrüpp, hielt dann auf federnd weiße Osterglöckchen zu und tauchte in die Blüten. Kam staubbekleckert pappsatt wieder raus, schwebte auf ein sandiges Stück Wiese nieder und ging ein bisschen spazieren. Sonnenschein fiel gelb auf ihre Panzerstreifen, da blieb sie einfach stehen, streckte ihre Füßchen aus und flüsterte:

»Jetzt tu ich erst mal gar nichts.«

»Bitte, können denn Sie den Mann nicht überreden?« Flehend riss die Frau mich von der Wonnehummel. »Ich weiß nicht mehr, was ich machen soll mit diesem – Rucksack!«

Da, plötzlich, wollte ich nicht mehr. Wollte diesen lichten Morgen nicht verdunkelt kriegen von einem frühverschorften Dollarmolch und Lumpenhals. Ich stieg ab, stellte mein Fahrrad auf den Ständer, rumms, fiel's desaströse Scheißding um. Gekonnt marschierte ich zur Fahrertür des BMW und drechselte den Kopf ins Seitenfenster:

»Ich zähle bis drei. Eins.« Nichts geschah.

»Zwei.«

Nichts. Ein zäher Bursche.

»Drei. Okay, Jungchen, du hast es nicht anders gewollt. Wie heißt du laut Geburtsurkunde?«

»Sag ich Ihnen nicht«, brummte der Gorilla und blieb still. Eine Zeit lang war ich hilflos, dann sprach ich sechs beinharte Sätze. Der erste lautete: »Ich könnte mir ja deine Autonummer aufschreiben oder zumindestens merken und beim Straßenverkehrsamtsdirektor den Namen des Fahrzeughalters anfordern.«

»Stimmt. Ojemine!« Die Ratte wurde bleich. »Und dann?«

»Dann würde ich … alles erzählen. Wer du bist, dass dein Auto hier blöd rumgestanden hat und so.«

»Um Himmels willen, nur das nicht!« Jetzt kroch er fast in seinen Airbag. »Und wem würden Sie alles erzählen?«

»Na, zum Beispiel deiner Mama. Und weißt du, was es dann hageln tut? Weißt du das eigentlich?!«

»Nein, bitte! Bloß kein Stubenarrest! Ich setze auch sofort zurück!«

Und das, liebe Kinder, tat er dann auch. Und damit endet unser kleines Storyboard. Jetzt aber husch in die Biergärten!

ÜBER DIE POSITIONEN IM RAUM

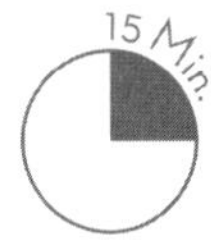

Roman Ehrlich

Ein entfernt kreisender Trabant in meiner Erinnerung:

Noch bevor die Tatsachen geschaffen wurden und die Dinge sich zwischen uns ereigneten, die schließlich eine völlig verkrempelte Landschaft zurückließen, in der sowohl agrarwirtschaftliches Nutztier als auch übliche Vegetation in einer grotesken Verstümmelung und Verzerrung im Erdboden versackt oder den Gesetzen der Schwerkraft enthoben worden waren, bevor sich diese Dinge also ereigneten, die keiner Beschreibung zugänglich sind, erzählte sie mir, als sei es ein weit zurückliegendes Ereignis aus ihrer Kindheit, von einer Reise auf die Mittelmeerinsel Elba, die sie unternommen hatte mit ihren beiden Kindern und ihm – demjenigen, der sich, wie sie sich ausdrückte, in dieser kurzen Zeit so restlos disqualifiziert habe, dass sie, obwohl sie aufgebrochen waren als junges Paar, als flüchtige Bekannte zurückgekehrt seien in die Stadt.

Sie seien dort lange umhergelaufen in der sengenden Sonne und hätten sich auf eine unbeteiligte Art die Arbeiten der Straßenkünstler auf der Strandpromenade angesehen, allesamt im Vorbeigehen, weil selbst die Kinder zu matt gewesen seien, um eine Begeisterung für die grotesken Comiczeichnungen, Scherenschnitte oder Perlenketten aufzubringen, die einem vor den Augen angefertigt wurden in einem beachtlichen Aufbäumen gegen die flächendeckend ausgebreitete Langeweile und Trägheit. Sie habe sich damals selbst noch nicht so gut ausgekannt im Umgang mit den Kindern, und es müsse wohl ihr zugeschrieben werden, erzählte sie mir, dass man die Geschwister den halben Tag mit freiem Oberkörper habe herumlaufen lassen und dass beide daraufhin am Abend so schlimm von der Sonne verbrannt gewesen seien, dass man sie im Pensionszimmer nur noch auf die ausgezogene Bettcouch habe legen können, um ihre rot verbrannten Rücken regelmäßig mit feuchten Handtüchern zu kühlen. Sie habe sich an diesem Abend mit dem Peter, wie der Begleiter angeblich geheißen hat, eine Flasche Wein geteilt auf dem Balkon in der kühler werdenden Luft, und immer wieder habe aus dem Pensionszimmer der Ruf der Kinder getönt.

»Peter«, erzählte sie mir, schrien die Kinder, »Peter, wenden!«, und Peter habe zu ihr gesagt:

»Sie sehen in mir jetzt schon nur den Dienstleister.«

Und sie habe erwidern müssen, dass das Blödsinn sei, »Es sind Kinder«, habe ich gesagt, erzählte sie mir, »sie wissen gar nicht, was eine Dienstleistung ist.« Er habe dann die Handtücher gewendet, bis die Kinder schließlich eingeschlafen seien, und ihr geholfen, die beiden wie fiebrig heißen, schwer atmenden Körper ins Nebenzimmer zu tragen und im dort aufgebauten Hochbett abzulegen. Später in der Nacht sei dann eines der Kinder aus diesem Hochbett tatsächlich herausgefallen, obwohl das zu Hause noch nie passiert war, vielleicht aufgrund übler Träume in dem von der vielen Sonne ganz vermatschten Kinderkopf, und sie sei gemeinsam mit dem Peter, nackt, wie sie eingeschlafen seien, in das Kinderzimmer gestürzt, in dem das Heruntergefallene entsetzlich geschrien habe, und dann sei es passiert, dann habe die Disqualifikation des Peter stattgefunden, ohne dass er viel habe dazutun und tatsächlich auch ohne dass er überhaupt nur ein Wort habe sprechen müssen.

Als ich das Kind aufgehoben habe, sagte sie, und auf meinen Arm genommen, um es zu trösten, habe ich zu dem Peter rübergeschaut, der nur ein paar Schritte in den Raum hereingekommen war und da jetzt ganz vereinzelt stand, die Hände vors Geschlecht hielt und sich sehr schämte. Ich habe ihn angesehen, erzählte sie, und habe sofort gewusst, dass ich ihm keine weitere Chance mehr würde geben können.

Es liegt etwas Übles darin. Er hätte sich noch einmal äußern können sollen, fand ich, er hat es ja bestimmt auch versucht, aber die Erzählung hörte da auf, und ich wollte auch gar nicht mehr davon hören, weil ich langsam schon in Sorge geriet über den weiteren Verlauf der Dinge.

Die größte Sehnsucht sei damals noch nicht gewesen, sagte der alternde Schriftsteller, der sich auf einem Lederstuhl befand in sitzender Haltung: eine unschuldige Sprache, die den Tag überstehen könnte. Heute stelle sich die Sache anders dar.

Ich fragte sie, ob sie das Fernsehprogramm bewusst auswähle oder einfach durch die Kanäle springe in der Hoffnung auf diese müde Zerstreutheit, in der selbst die eigene Zukunft wie ein nebliges Gewässer von einiger Schönheit daherkomme. Sie meinte es ja ernst mit vielen Dingen in ihrem Haushalt und setzte mir bereitwillig auseinander, dass sie bewusst nach langjähriger Abstinenz von dem Gerät sich wieder einen Fernseher gekauft habe, obwohl das alles ja längst im Internet angeschaut werden könne beziehungsweise die guten Filme am besten aus der Programmvideothek geholt würden, in Originalsprache und ohne Werbung.

Beim Fernsehen komme es ihr darauf an, etwas über die Verfasstheit der Welt oder zumindest dieses Landes zu erfahren, und sie glaube nicht daran, dass das über den Inhalt der Programme noch möglich sei, die sie ja durchaus in den Mediatheken und Onlinearchiven an ihrem Computer aufrufen könne. Vielmehr sei es die Auswahl oder vielleicht die Dramaturgie der Sendungen und Formate, die von den Anstalten getroffen werde, mitsamt der dazwischen lancierten Werbung, von der sie sich einen Einblick erhoffe in eine übergeordnete Mechanik, deren Funktionsweise vielleicht auch Aufschluss geben könne über ein jedes dieser Funktionsweise dienlichen Teile, in dem klopfenden und tickenden Räderwerk, dem wir ja schließlich beide angehörten, wenngleich unser Selbstkonzept dem auch vordergründig oft widersprechen wolle. Es sei, sagte der Schriftsteller auf eine Frage, die wir beide versäumt hatten, tatsächlich erstaunlich, wie lange sich dieser Antagonismus nun schon aufrechterhalte, aber vielleicht sei es ja auch eine Frage gegenseitiger Abhängigkeit, wie sie doch ebenfalls in der Natur zu finden sei oder in den Liebesbeziehungen der Menschen. Das, fuhr sie dem grauhaarigen Mann auf dem Lederstuhl ins Wort, sei im Übrigen auch der Grund für ihre wachsende Fußballbegeisterung.

Ich sah an ihr vorbei in das Gerät, als sei es ein Fenster auf den Innenhof und als helfe mir dieses Schauen beim Zuhören oder Nachdenken, aber natürlich hätte es dafür schon wirklich ein Fenster sein müssen.

Der großen Erzählung, bellte der Autor jetzt nahezu, sei seit jeher der große Erfolg sicher gewesen. Das liege an der stumm vorgebrachten Forderung der Leser nach einer abgeschlossenen Geschichte innerhalb der wirklichen Welt, die aufzuspüren von den Fordernden selbst schon gar nicht mehr geleistet werden könne. Nur ab und zu, und hier war etwas wie Fahrtwind in den Gesichtern der anderen Gäste der Talkshow, ab und zu merkte einer, sagte der Schriftsteller und verstellte die Stimme:

»Mein Leben ist ein Roman, wenn man das aufschreiben würde … das sollten Sie mal aufschreiben, was ich alles erlebt habe.« Sie lachte laut und schien unmittelbar danach schon vergessen zu haben, weshalb. Sie fasste mein Bein an, an einer Stelle, die überhaupt nichts bedeutete.

»Alles, was dem entgegensteht«, hörte ich die Stimme des Schriftstellers sagen, »ist diese zählebige Revolution, die sich auf den Symposien schon selbst wieder in den Schwanz beißt und ihre Ideale auf die Halde häuft.«

Was tun wir denn hier? Ich wollte, dass sie das Programm wechselt, aber sie legte mir nur die Fernbedienung auf den Bauch.

Ich erinnere mich, erzählte ich ihr, als sie ruhig in der fettigen Küche eines Studentenwohnheims auf der Eckbank hockte, wie ich früher mit meinem älteren Bruder vor dessen Computer saß und ihm dabei zusah, wie er Strategiespiele spielte, von der Sorte, wo aus der Vogelperspektive Kampfeinsätze vorbereitet und durchgeführt werden mussten. Oft war das Zimmer schon völlig verdunkelt und nur der blaue Schimmer vom Monitor auf unseren starren Gesichtern. Nichts war zu hören als die Imitationen der Geräusche des Krieges, Explosionen, Maschinengewehr, Todesgekreisch, und dazwischen immer wieder zackige Zubefehls oder Jawolls, sobald mein Bruder eine Einheit mit der Maus markierte und in den nahen Tod oder Triumph entsandte. In der oberen Ecke des Bildschirms war immer eine Miniaturkarte zu sehen, erzählte ich ihr, die das Territorium abbildete. Nur dort, wohin die Einheiten meines Bruders schon vorgedrungen waren, zeigte die Karte ein Abbild des virtuellen Geländes und der sich zwischen den Wäldern und Schluchten bewegenden Truppenteile. Wo kein Soldat aus dem eigenen Heer je gewesen war, klaffte eine schwarze Finsternis, in der sich sowohl wertvolle Rohstoffe als auch feindliche Truppen verbergen konnten. Mein Bruder errichtete Kasernen und Munitionsfabriken ohne eine Regung des Gefühls, teilte Truppen und Panzerstärken, Verbände für Hinterhalte, die Avantgarde- und Himmelfahrtskommandos auf dem bekannten Fleck seines Basislagers ein und gab ihnen Marschbefehle in strategisch bedeutsame Gebiete. Mir war immer die kleine Karte im oberen Eck des Bildschirms das Wichtigste. Ich wollte sie restlos erkundet wissen wie unseren Planeten, der ausgerollt und stark verzerrt auf einer Weltkarte über dem Schreibtisch hing. Und deshalb, erzählte ich ihr, die sich hoffentlich nicht langweilte, sondern lediglich aufgrund ihrer immerwährenden Müdigkeit etwas teilnahmslos aussah, drängte ich meinen Bruder jedes Mal, was ihm wie das infame Lallen eines ganz und gar Ahnungslosen vorgekommen sein muss, wenigstens einen einzelnen Soldaten, er könne sich ja vorstellen, es sei ein Deserteur, ein Abtrünniger, in die noch unerforschten Gebiete zu schicken, auch wenn dort nichts zu erwarten war, was für die Heerführung oder Rohstoffversorgung von Bedeutung hätte sein können. Erst wenn der Feind so stark dezimiert und es nur noch eine Frage der Zeit war, bis die Festungsanlagen und Geschütztürme unter dem anhaltenden Granatenbeschuss meines Bruders in sich zusammenfallen würden, schickte er manchmal in einem großzügigen Anflug einen tatsächlich ganz auf sich allein gestellten Soldaten in die schwarzen Regionen der Landschaft. Dieser vereinzelt laufende Späher schaffte es allerdings nie, mehr als eine nadelbreite Schneise in die Finsternis zu schlagen, im Radius seines Sichtfelds, bevor er von einer versprengten Einheit des Gegners erschossen oder der endgültige Sieg für diese Schlacht vermeldet wurde.

Wenn ich mich lang strecke, einen Arm, so weit es geht, nach oben hin ausfahre und noch dazu den längsten meiner Finger in nämliche Richtung, wollte sie von mir wissen, während wir auf einer viel befahrenen Kreuzung vom Stadtverkehr umrauscht wurden, kann ich dann schon behaupten, mich in den Himmel zu strecken, also in ihn meinen ausgestreckten Finger einzubohren, selbst wenn rings um mich noch Häuser stehen, die meinen ausgestreckten Finger weit überragen? Und wenn nicht, wie wäre dieser Luftraum dann zu nennen, der sich gerade noch von meiner gestreckten Gestalt erreichen lässt und sonst, an jedem normalen Tag, einen guten Meter über meinem Kopf sich befindet, sodass ich unter ihm wie unter einer Zimmerdecke hindurchlaufe?

Ich selbst war abgelenkt, denn ich wanderte schon wieder durch den Wurstelprater meiner Erinnerung, sah hier ein umherschleuderndes Fahrgeschäft und dort zwei verhärmte Kindergesichter hinter den Lenkrädern eines Autoskooters. Sah, wie ein bleiernes Projektil die weiße Plastikhülse sprengte und ein traurig aussehendes Riesenstofftier an einen jungen Mann mit starken Oberarmen überreicht wurde. Auch sah ich, wie ein vom Nikotin gelb eingefärbter Fingernagel ein Preisschild von einer Puppenstirn kratzte, und war etwas erbost beim Anblick einiger Kleinkinder, die sich auf einem Minikarussell beständig im Kreis drehten zur immergleichen Leierkastenmusik, weil ihre Gesichter allesamt strahlten und nicht der geringste Anflug von Langeweile darin zu sehen war.

Der Fremdenführer, der uns in die Höhle begleitete und einen mehr oder weniger auswendig gelernten Text vortrug, erklärte, weshalb es unter Strafe verboten sei, die vom Boden emporwachsenden Kalksteinzapfen mit den Fingern zu berühren. Sie erzählte mir flüsternd in mein Ohr, sodass ich wieder abgelenkt war und nicht alles mitbekommen konnte, was schließlich unserer Unterweisung und Weiterbildung hätte dienen sollen, dass sie sich jedes Mal, wenn sie einen Gegenstand ansehe, vorstellen müsse, wie er sich anfühle. Und dass sie jedes Mal erstaunt sei, dass ihr Gehirn tatsächlich über so etwas wie ein taktiles Gedächtnis zu verfügen scheine, das ihr sofort eine deutliche Vorstellung an die geistigen Fingerspitzen sende, wie der entsprechende Gegenstand unter einer fühlenden Hand beschaffen sei.

Der Fremdenführer mahnte, dass durch den Fettfilm auf unseren Fingern das ohnehin über Millionen Jahre sich langsam vollziehende Wachstum der Kalksteinzapfen unter Umständen für immer, mindestens aber für Milliarden Jahre unterbrochen werde. Es gab für die wachsenden Zapfen keine Entsprechung im taktilen Gedächtnis. Eine Berührung, fasste sie später zusammen, als wir aus der Höhle wieder ins Tageslicht traten, würde nur den toten Zapfen im Gedächtnis ablegen. Da ist das Wort auf meiner Zunge und hier das Bild vor meinen Augen, aber das verlässlichste, das Säuglingswerkzeug ... also das sei schon frustrierend und insofern auch gut, dass sich diese fragilen Systeme vor unseren Fettfingern in die Höhlen zurückgezogen hätten. Die Werkzeuge, entgegnete ich, die wir hervorbringen im Verlauf unserer Entwicklung, sind der reine, unmittelbare Ausdruck des Fortschritts.

Noch bevor sie aber darauf antworten konnte, nötigte uns eine große, von hinten andrängende Menschenmenge ins Innere des Fußballstadions, wo wir wirklich lange Zeit zwischen den Reihen und Rängen hin und her irrten, bis wir den kryptischen Angaben auf unseren Platzkarten auch zwei Plastiksitze mit Bestimmtheit zuordnen konnten. Es erfolgte der Anpfiff, und sofort schoss jemand unmittelbar vor uns eine Leuchtrakete aufs Spielfeld, die in einem kurzen, irgendwie verkümmert wirkenden Lichtschweif aufloderte und dann am Spielfeldrand zwischen zwei Werbebannern so kläglich verglomm, dass der Schiedsrichter nur kurz den Kopf schüttelte, das Spiel aber weiterlaufen ließ.

Die Fans um uns herum entzündeten daraufhin Bengalische Feuer und gerieten in ein Chorisches, ein Mantrahaftes, mit Trommeln und Gesängen, bis schließlich doch das Spiel kurzzeitig unterbrochen wurde und der Trainer der Heimmannschaft an den eigenen Fanblock herantrat mit der schreiend vorgebrachten Bitte, man möge sich nicht wie ein Haufen dummer Wichser verhalten, das sei dem Sportsgeist abträglich und respektlos gegenüber der harten Arbeit, die die Mannschaft jeden Tag beim Training leiste, um hier eine gute Figur zu machen, denn das sei es doch schließlich, worum es gehe.

Im Stadion lag jetzt ein dichter Nebel, aus dem das Spielfeld nur noch schemenhaft und mattgrün zu erahnen war, die Ränge verschwanden zu beiden Seiten im Dunst. Das Gefühl für die realen Ausmaße des Bauwerks verlor sich, und die größtenteils halb nackten und kahl geschorenen Fußballfans wogten unter uns in dieser trüben Szene wie Sklaven einer monströsen Galeere, die im Begriff war überzusetzen in ein Totenreich oder die Grenzgebiete des Bewusstseins.

Erst seitdem sie Kinder habe, erzählte sie mir, sei ihr vieles klar geworden über dieses Verhalten, aus dem sie auch den einen oder anderen Vorsatz schließlich habe ableiten können für ihr persönliches Vorankommen. Für eine sehr lange Zeit, auch nach der Geburt der beiden Geschwister, habe sie nicht erwachsen werden wollen und sich immer dagegen gesträubt, im Glauben, das Erwachsensein sei gleichzusetzen mit der finalen Akzeptanz aller Gegebenheiten. Dann aber sei ihr aufgefallen, dass alles Kindliche, was in den Menschen überlebte, nachdem sie ihre Kindheit hinter sich gelassen und sich körperlich voll ausgebildet hätten, immer nur das Widerlichste und Abstoßendste sei, was nach dem Verlust der Unschuld noch konserviert werden könne aus den frühen Stadien der Seele.

Während sie sprach, wurde das Spiel wieder angepfiffen, und auf dem Platz, vielleicht als eine Art Entladung des angestauten Frusts, wurde nun eingenetzt, dass es kaum zu fassen war. Ich hätte gerne einen Kommentar dazu gemacht, wollte sie aber nicht unterbrechen, wäre wohl ohnehin verschluckt worden von den jetzt wirklich ganz außer sich geratenen Fans um uns herum.

Entweder, sagte sie, sei es wie hier dieses Schwache, das kleine Widerliche, die Angst und die Scham und die Unsicherheit, die Kränkung, das Verletzliche, das fiese Grausame, das sich konservieren ließe bis ins hohe Alter, oder es sei diese entsetzliche Unmündigkeit hinsichtlich der eigenen Handlungen und Wünsche. Also was ich meine, sagte sie, während mir jemand, der unvermittelt aufgesprungen war, um den jüngsten Treffer zu bejubeln, einen überdimensionalen Schaumstofffinger ins rechte Auge stieß, ist diese schreckliche Abhängigkeit von der Gesellschaft, die einen bestimmt, und wie sie schließlich auf die Handlungen reagiert, die man täglich vor ihr vollführt, wie eine dieser Figuren da unten auf dem Platz. Und man kann sich ja so lange noch trotzig und abweisend verhalten und dieselbe Abhängigkeit immer weiter reproduzieren, wie man sie schon von klein auf kennt und gewohnt ist, oder aber man wird wirklich erwachsen in dem Moment, wo man die Gesellschaft um einen herum adressiert und sagt: Ich möchte, dass ihr euch verändert, weil ich euch liebe.

Als wir uns nach dem Spiel schließlich in den labyrinthischen Katakomben des Fußballstadions vollends verlaufen hatten, in Gängen, die längsseitig durchzogen waren von moosigen, immerfort tropfenden Rohren und auf deren Betonfußböden eine ölige Pfütze an die andere grenzte, stießen wir hinter einer rechtwinkligen Abzweigung auf endlose Reihen metallener Schließfächer und Spinde, die wohl vom Stadionpersonal genutzt wurden, vom Platzwart, den Reinigungskräften, den Anweisern und Sicherheitsleuten. Einige der Türen standen offen, orangefarbene Sicherheitswesten hingen darin, oft sogar ein gelber Bauhelm, am Boden des Faches ein paar Schuhe, umwickelt von einer Plastiktüte, auf der ich das Logo eines Discountsupermarktes erkannte.

Ich erinnere mich, wie wir, lange Zeit, bevor das Unsagbare sich ereignete zwischen uns, in dem Toilettenkomplex einer deutschen Hochschule gestanden haben, nebeneinander vor zwei Türen, und wie alles, was unser Gesichtsfeld umfasste, lückenlos übersät war von Aufklebern und Plakaten, die die Studentenschaft aufriefen zum Protest und zum Widerstand gegen die untragbaren Verhältnisse. Draußen vor der Hochschule, erzählte sie mir, habe sie ein Mädchen gesehen, es kam mir entgegen, sagte sie, auf dem Fußweg zwischen den Hörsaalgebäuden mit merkwürdig stampfenden Schritten, als könne es seine Bewegungen nicht synchronisieren mit dem Rhythmus der Musik, die ihm aus zwei Knopfsteckern in die Ohren spielte. Das Mädchen hatte, sagte sie, einen schief geschnittenen Pony, der ihm über die Stirn und zur Hälfte über die Augen gekämmt war. Ein schräges schwarzgefärbtes Dreieck, erzählte sie mir, von dem sie den Eindruck gehabt habe, es störe das Mädchen erheblich beim Gehen beziehungsweise beim Wahrnehmen der es umgebenden Welt und ihrer potenziellen Gefahren und Fallen. Das Mädchen konnte sich aber nicht, sagte sie, das habe sie gesehen, dazu durchringen, den Pony dieser Trendfrisur, wie sie sich ausdrückte, aus seinem Gesicht zu kämmen, da diese Frisur so ja nicht gedacht war.

Ich sah einen jungen Studenten aus einer der Türen heraustreten und wollte schon aufjubeln, zeigte stattdessen aber nur stumm mit dem Finger auf seine schnell die Treppen hinaufeilende Gestalt, die bald auch schon hinter einer Biegung verschwand, noch bevor der Satz beendet war, den sie ungeachtet der Ereignisse begonnen hatte:

Es habe sich ja um den eigenen Kopf des Mädchens gehandelt, um sein Haar, und doch schien es dankbar für jede Entscheidung von außen, wie damit zu verfahren sei, da schließlich die letztgültige Bewertung der Frisur ebenfalls von diesem Außen erfolge.

Ich musste inzwischen wirklich sehr dringend auf die Toilette und nahm ihre Ausführungen kaum mehr mit der gebührenden Sorgfalt in mich auf, ein Antworten war lange schon ausgeschlossen. Zu allem Überfluss verlor sie, von der ich gedacht hatte, dass sie ebenso wie ich hier angetreten war um einer Erleichterung willen, sich in der Betrachtung und Beurteilung der verschiedenen an den Wänden und Türen angebrachten Plakate und Aufkleber, fragte mich, ob ich jemals persönlich an einer Demonstration teilgenommen hätte oder mich sozial engagiert in einer der Ausgeburten, wie sie es nannte, der studentischen Selbstverwaltung.

Ich fühlte eine große Ohnmacht in mir aufsteigen, die die ohnehin in mir vorhandene Ohnmacht im Angesicht der politischen Lage um ein Vielfaches übertraf, und fühlte mich von ihr aufs Gemeinste in einen Hinterhalt gelockt. Als habe sie die Situation von langer Hand geplant, war ihr mit einem Mal alle Macht über mich und den Lauf der Dinge zugefallen, eine perfide Verhörmethode, fand ich, wo man sich plötzlich in die Lage versetzt sah, nur aufs Kürzeste, knapp und gepresst Ja oder Nein antworten zu können auf gleich welche Frage. Ich nahm schließlich noch einmal alles zusammen, was im Rahmen meiner Möglichkeiten zusammengenommen werden konnte, und sprach in einem Schwall, der alles andere als eine Erlösung für mich war, sondern mich nur weiter in mich selbst zusammenpresste wie die Luft in einem Fahrradschlauch, von meinen Überzeugungen und Positionen, als würden sie mir von einem Außenstehenden diktiert.

Ich sprach von dem Design, das mich seit jeher abschrecke, von der Übelkeit, die es für mich mit sich bringe, wenn bei solcherlei Öffentlichkeitsarbeit mit derselben Strategie an hochauflösenden Computerbildschirmen Demonstrantensilhouetten ausgeschnitten und virtuell verleimt würden mit den Schriftzügen und Symbolen der Gruppen und Verbände, wie sie in eben demselben Grafikprogramm auch einer Waschmittelpackung zur menschlichen Anmutung verhalf durch ein weißes Lächeln und ein unschuldiges Augenpaar. Dass ich in diesen Gruppen immer das Gefühl hätte, für alle angrenzenden Ideologien der in dieser Gruppe versammelten Menschen oder gar für alle jemals von irgendeiner Gruppe vertretenen Ideale und Ideologien vereinnahmt zu werden, allein durch den Entschluss der gemeinsam ausgeführten Aktion. Dass sich alle Parolen, Schlagwörter und Slogans, befand ich, im Moment ihres Aussprechens gegen sich selbst kehrten, mit aller Brutalität, und den Aussprechenden der Geste unterwürfen, der Geste, mit der man vorzugehen hoffte gegen die Unterwerfung und Unterdrückung. Bestimmte Dinge könnten, sagte ich, ohnehin nur verschriftlicht vorgebracht werden und niemals unter Menschen und nie nicht unter Hunderten oder mehr, weil in der Gesellschaft anderer, sogar in deiner, sagte ich zu ihr, was sie kurz aufschreckte aus einer leichen starren Lethargie, in die sie seit Beginn meines Monologs verfallen war, alle vorgebrachten Äußerungen immer einem sozialen Zusammenhalt verpflichtet und geschuldet seien und daher alle Ideen nichtig und hinfällig würden in Kollision mit dem Gefühl.

Nachdem ich daraufhin endlich in eine der Kabinen gestürmt war und mich eingeschlossen hatte für eine sehr lange Zeit, in wachsender Erleichterung sämtliche Zeichen und Schriftzüge an den Innenwänden mit einem flächig sich ausbreitenden Gleichmut studiert hatte und schließlich wieder in den Raum vor die Plakate und Aufkleber hinausgetreten war, nahm sie, die die gesamte Zeit scheinbar regungslos auf mich gewartet hatte, meine Hand und führte mich, ohne ein Wort zu verlieren, über einige Treppen, Zwischengänge, Flure und Tordurchfahrten in das großräumige Atelier einer ihr nahestehenden Künstlerin, das zu allen Seiten vollgestellt war mit großformatigen Malereien, die jeweils in Überlebensgröße eine zerdrückte Tube, einen leer getrunkenen Becher oder sonst einen obsolet gewordenen Gegenstand aus dem täglichen Leben darstellten, führte mich an diesen Bildern mit einer gewissen Unruhe vorbei, bis wir schließlich an einer der Wände anlangten, an der ein schmales, weiß lackiertes Holzbrett mithilfe überdimensionierter Schwerlastwinkel an die Wand gedübelt worden war.

Auf diesem Brett befand sich nichts als ein kleines Aststück, das jemand sorgfältig aufgeklebt hatte auf eine runde Holzscheibe, und auf diesem Aststück, für immer in der Position eines neugierigen Spähens mit angelegten Flügeln erstarrt, der ausgestopfte Körper eines mir sehr vertraut wirkenden Vogels. Eine Elster, wie ich mich heute zu erinnern meine.

EIN MONAT AUF DEM LAND (Auszug)

3 Min.

J. L. Carr

Am Bahnhof lasen wir die Ellerbecks auf – als Verwalter der Freikirchengemeinde war für Mr Ellerbeck der Platz zu Mr Dowthwaites Rechten auf dem ersten Wagen reserviert –, dann ging es weiter durch das nächstgelegene Städtchen, wo der Wochenmarkt unseren Zug zum Schritttempo zwang, manchmal auch fast zum Halten, wenn sich andere Wagen auf den kopfsteingepflasterten Platz schoben. Bäuerinnen standen inmitten von Körben voller hausgemachter Butter und Eier oder boten Frühäpfel, Birnen, rosa Blumensträuße und andere Dinge feil, von denen sie in ihren Obsthainen und Gärten mehr als genug hatten. Ein Mann wirbelte eine Bulldogge herum, die sich in einem Schnürsenkel festgebissen hatte. »Wenn selbst ein Hund es nicht schafft, kriegen Se so'n Senkel nie kaputt!«, rief er. Und von einem anderen Stand waberte der Geruch von frisch gebackenem Brot herüber und erinnerte mich daran, dass mein eilig im Gehen eingenommenes Frühstück viel zu dürftig gewesen war.

Dann ging es klappernd über eine Brücke und weiter durch die Felder. Jemand stupste mich an, und ein dickes Rindfleischsandwich wurde mir über die Schulter gereicht. Es war Mossop, und Mrs Mossop nickte mir aufmunternd zu: Inzwischen hatte ich mir den Ruf eines Nimmersatts erworben.

»Was machen Sie denn hier?«, sagte ich. »Sie sind doch bei den Anglikanern, dachte ich.«

»Nee«, antwortete er. »Ich hab bei beiden 'n Fuß in der Tür. Die Leute ham gemeint, ich soll mitkommen und dafür sorgen, dass sie alle wieder in ihr Bett finden.«

Für mich wird dieser grandiose Sommertag für immer der unvergesslichste bleiben – wolkenloser Himmel, links und rechts der Straße kniehohes Gras, Mohnblumen, Aronstäbe, die Bäume voller dichtem grünem Laub, über Dornenhecken quellende Obsthaine. Und wir rumpelten gemütlich dahin und bogen, statt dem Schild nach Sutton-under-Whitestonecliff zu folgen, in Richtung der roten Hohlpfannendächer von Kilburn ab, wo ein Tischler aus seinem Hof heraus etwas rief und ihm jemand aus unserem Trupp, offenbar ein Bekannter von ihm, in scherzhaftem Ton antwortete.

»Schauen Sie, Mr Birkin!«

»Wo?«

»Dort!«

Und dann sah ich es: Über einen steilen, grasbewachsenen Hang zuckelte ein riesiges weißes Pferd. Es sah aus wie eine lebendig gewordene Vergrößerung eines dieser Bilder, die umherziehende Maler früher für stolze Besitzer von edlen Vollblütern bei Hindernis-Pferderennen wie dem Great Ebor Handicap oder dem Beverley Racecourse für ein paar Sovereigns aus dem Ärmel geschüttelt hatten. In seinem langen Rücken und Schwanenhals lebten die Pferde einer lange versunkenen Welt weiter.

Als wir auf einer von Schafen abgegrasten Hochebene hielten und abstiegen, wehte von den Heidelbeersträuchern und den verwitterten Erikabüschen ein würziger Duft heran. Es gab keinen Schutz vor der Sonne, aber das kümmerte uns nicht, denn es war Mittagessenszeit, und die Frauen und Mädchen machten sich daran, hart gekochte Eier und in Fettpapier und Papierservietten gewickelte feuchte Tomatensandwiches auszupacken. Es war Mr Dowthwaite selbst (»Ihr habt schließlich hart genug gearbeitet und euer Ansehen unter den Methodisten gemehrt«), der schnell ein knisterndes Feuer aus kleinen Ästen und Zweigen entzündete, und bald kochte das Wasser in den Zinnkannen. Nachdem er den Lobgesang angestimmt hatte, setzten wir uns ins Gras und langten herzhaft zu.

Danach zogen die meisten Männer ihre Jacken aus und enthüllten ihre Hosenträger sowie die daran befestigten elastischen Schlaufen ihrer wollenen Unterhosen, und sie verblüfften ihre Kinder, weil sie herumalberten wie große Jungen. Die verliebten Pärchen sonderten sich ab, die Frauen saßen im Gras und plauderten ausgiebig. Und so verging mit Essen, Trinken, Dösen, Sichlieben der Tag, bis am Abend die Pferde von ihrer Weide geholt und wieder eingespannt wurden. Dann, als der erste Stern am Firmament erschien und Schwalben über dem Farngestrüpp kreuz und quer hin und her schossen, holperte unser Wagen wieder gemächlich von der Hochebene über dem Weißen Pferd – wie ich sie für mich nannte – ins Tal hinab und zurück gen Oxgodby: Der Ausflug der Sonntagsschule war vorbei.

Als wir im Dorf ankamen, erfuhren wir, dass Emily Clough an diesem Nachmittag gestorben war.

Ach, was für eine Zeit … Noch viele Jahre danach suchte mich das Glück jener Tage heim. Manchmal, wenn ich Musik höre, lasse ich mich dorthin zurücktreiben, und nichts hat sich verändert. Dieser lange Sommerausklang. Tag für Tag warmes Wetter, die Stimmen in der Nacht, die erleuchteten Fenster in der Dunkelheit und, bei Tagesanbruch, das sanfte Wogen des Getreides und der warme Geruch der erntereifen Felder. Und jung zu sein.

Hätte ich mir dieses Glück bewahren können, wäre ich dortgeblieben? Nein, vermutlich nicht. Menschen ziehen weg, werden älter, sterben, und der hehre Glaube, dass erneut etwas Wunderbares hinter der nächsten Biegung auf einen wartet, verblasst allmählich. Jetzt oder nie; wir müssen das Glück beim Schopf packen.

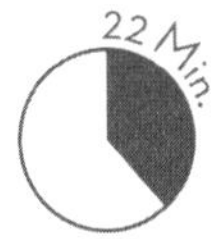

SPÄTES GLÜCK

Judith Kuckart

Während sie Richtung Reisezentrum gingen und die Maria trotz Stock neben ihr deutlicher hinkte als gestern noch, hörten sie die Durchsage über Lautsprecher.

Frau Emilie Schrey, Frau Schrey, bitte zum Service-Point.

Was war das?, fragte ein Kind seine Mutter, die es am langen Arm vorüberzerrte.

Ein Reiseruf.

Was ist das?

Was von früher.

Früher, wann war das denn?

Gott, weiß ich doch nicht!

Ich übrigens, sagte die Maria am Stock laut zu Emilie, aber redete zu Mutter und Kind hinüber, ich bin jetzt weit über siebzig und glaube nicht mehr an Gott.

Die Mutter hob die Hand. Ich auch nicht, sagte sie und verschwand mit Kind in der Menge der Reisenden. Die Maria setzte sich auf eine freie Bank.

Es war ein schöner Tag Ende April, der sich wie Juni anfühlte. Jedes Jahr nach Ostern fuhren sie diese Strecke, und jedes Mal war die Lust am Leben wieder da, wenn sie, am

Hauptbahnhof Dresden angekommen, ins Hoteltaxi umstiegen. *Spring-time* nannte Emilie das Hochgefühl. Was für ein Jubeln lag in dem Wort und was für ein Vorrat an Leben in der Luft. Früher war sie Englischlehrerin an einer Mädchenschule gewesen. Was für eine Landschaft, stimmte die Maria bald darauf mit ein, während sie Richtung Teplice, Richtung tschechische Grenze fuhren und eine flache Einsamkeit immer hügeliger wurde.

Was für eine Landschaft vor allem in den Kurven, Emilie!

Im Hotel von Teplice, wo sie Jahr für Jahr ihren Kuraufenthalt verbrachten, hatten sie immer die gleichen Zimmer und waren des Nachts nur durch eine Tapetentür voneinander getrennt. Wie ging das Leben zu Ende?

Daheim in Stuttgart-Frauenkopf wohnten sie in einer Bungalowsiedlung auf halbem Hang. Für die Wege ins Zentrum hatten sie in den letzten drei Jahren immer seltener den Bus und immer regelmäßiger ein Taxi genommen. Wegen des Wetters, sagte Emilie. Wegen des Alters, wussten beide. Aber am liebsten einen Ausländer, bitte, hatte eines Tages die Maria am Telefon zur Frau in der Taxizentrale gesagt.

Warum?

Dann erfahren wir etwas von der Welt.

Seitdem kam immer der gleiche Fahrer. Er war im Iran geboren. Ali Baba, sagte Emilie. Schah von Persien, sagte die Maria, und Emilie wurde eifersüchtig. Der Schah von Persien trug einen schwarzen Anzug und brachte sie beide zum Arzt, zur Fußpflege, zur Kirche und manchmal zum Friedhof. Im schwarzen Anzug goss er die Gräber von Emilies Eltern, Bruder, Schwägerin und Cousinen und wartete im Einkaufscenter breitbeinig neben dem breitbeinigen Mann von der Security, um die wöchentlichen Großeinkäufe in seinem Taxi zu verstauen. Wenn er dabei lächelte, wie Männer wegen Frauen lächeln, deren Hormonhaushalt noch stimmt, vergaß Emilie in ihrer Aufregung die Eifersucht. Dem ältesten Sohn von Ali Baba gab sie Nachhilfe in Englisch. Maria übte deutsche und französische Grammatik mit ihm. Wenn der Junge nach der Stunde aus der Tür zum Bus gegenüber lief, standen sie beide am Fenster und winkten, als sei es ein Abschied für länger. Schön, hatte Emilie letzte Woche gesagt, der ist so schön, den müsste man vertonen.

Frau Schrey, Frau Schrey, bitte zum Service-Point, es liegt eine Nachricht für Sie vor.

Der Service-Point war in Sichtweite, wenigstens für Emilie. Sie hatte sich im vergangenen Jahr neue Linsen gegen den grauen Star einsetzen lassen. Die Stimme über Lautsprecher hatte ungeduldig und mitleidig geklungen, auf die Art, wie jeder seit Längerem mit ihr und der Maria sprach. Dabei waren sie nicht blöder geworden mit dem Alter. Emilie sah die Maria an, die auf der Bank saß und nicht so aussah, als wolle sie bald wieder aufstehen. Das gefärbte Haar war dünn geworden, die Stimme auch. Außerhalb des Hauses fiel das mehr auf. Die Maria, jetzt eine gepflegte Eidechse, war einmal hübsch und ganz anders als die Kollegen im Lehrerzimmer gewesen. Damals hatte sie noch dieses gewisse Lächeln gehabt, schüchtern und mit abgewandtem Blick, das Emilie anfangs gern nachmachte, bis sie im eigenen Gesicht spürte, wie herablassend und ohne Wärme dieses geborgte Lächeln war. Wem hatte es eigentlich gegolten? Den Kollegen, dem Leben an sich? Die Maria war ohne Eltern aufgewachsen, hatte in einer großen Stadt studiert. Emilie war bis zum Examen in ihrem Kinderzimmer in Heidelberg wohnen geblieben. Die Maria hatte längere Zeit Zirkuskinder unterrichtet und war in einem alten Hanomag in der Karawane der Wohnwagen mitgereist. Später hatte sie an einer Jungenschule gearbeitet. Wegen ein paar obszöner Zeichnungen in der Raucherecke, unter denen Fotzenmaria gestanden hatte, war sie zu Emilies Mädchenschule gewechselt. Ach, wie die Maria damals noch den Handstand gemacht hatte, gegen jede Zimmertür. Emilie hatte so, lange bevor es zum Äußersten kam, den Zwickel von Marias Strumpfhose gesehen und sich geschämt, als wäre es ihrer.

Frau Schrey, Frau Schrey, rief es über Lautsprecher. Irgendwo spielte jemand Akkordeon.

Warum setzt du dich nicht, Fräulein Schrey?, und: Nicht, dass schon wieder jemand gestorben ist, sagte die Maria. Dass wir aber auch kein Handy haben!

Ein Priester lief nervös vorüber und bekleckerte sich mit einem Fischbrötchen. Emilie sah ihm nach. Ja, der Tag war nicht mehr fern, an dem eine von ihnen beiden über den eigenen Schatten fallen würde. Wer zuerst? Die Maria klopfte mit ihrem Stock auf den Boden vor sich. Ja bin ich denn ein Hund?, sagte Emilie, ließ sich aber trotzdem mit steifen Knien neben sie fallen und schob die Nase in Marias Haar. Pino Silvestre hieß das Parfum, das in Frankreich Männer und in Deutschland wohl nur die Maria benutzte.

In Hamburg lebten zwei Ameisen, sagte Emilie leise in den vertrauten Geruch hinein, die wollten nach Australien reisen, bei Altona auf der Chaussee, da taten ihnen die Beine weh. Und da verzichteten sie weise dann auf den letzten Teil der Reise.

Jetzt fang bloß nicht wieder mit dem Sterben an, sagte die Maria.

Manchmal hatte Emilie sich vorgestellt, die Maria hätte es schon in ihrer Jugend gegeben. Sie hätten gemeinsam die Tanzstunde besucht, aber die im Fernsehen, wo man an jenen fernen Samstagnachmittagen der Sechzigerjahre den Twist umsonst hatte lernen können. Emilie hatte sich vorgestellt, die Maria hätte bei den ersten Schritten gerufen: Wunderbar, dafür braucht man gar keinen Mann! Emilie hätte die Brille abgenommen und den Teppich zusammengerollt, während Maria, Mitte zwanzig, langes, offenes Haar und mager wie eine Sechzehnjährige, auf den frei gelegten Holzdielen mit ihrer Körpermitte bereits kreiste, heftiger, als Emilie es je gekonnt hatte. Dafür konnte Emilie mit den Fingern schnippen, laut wie ein Mann. *Let's twist again!*, rief sie, dann rief es auch der Mann im engen Anzug aus dem Fernseher. *Let's twist again!* Die Maria begann, mit den Knien zu schlottern, dann mit den Schultern. Emilie machte es ihr nach auf den Dielen, wo sonst ein Teppich lag. Das Holz war dunkler und glänzender dort. Der Mann auf dem Bildschirm hüpfte ohne Jackett zu einer Frau herüber, die die Haare getürmt trug wie Farah Diba. Er ging in die Rückbeuge und mit seinen Knien vorneweg unter einem Stock hindurch, den die Frau mit der Turmfrisur waagerecht auf der Höhe ihrer schönen Hüften hielt. Sie lächelte dabei, wie Frauen lächeln, wenn ihr Hund öffentlich sein Geschäft macht. Der Mann lächelte, als schöbe er sich zwischen den gespreizten Beinen der Frau hindurch. Emilie holte einen Besen mit Stiel. Ruhig noch tiefer mit dem Ding, sagte die Maria und ging in die Rückbeuge. Die Spitzen ihrer offenen Haare berührten den Holzboden. Dann griff sie nach einem der beiden Limonadengläser mit Strohhalm und aufgespießter Kirsche. Chin-chin, sagte Emilie. Zirkus-Zirkus, sagte die Maria und stellte beim Trinken ihre kleinen Füße in den Nylons nebeneinander.

… zum Service-Point, bitte. Der junge Mann hinter dem Schalter bog das Mikrofon unwillig beiseite. Das war sein letzter Versuch gewesen. Emilie stand auf und ging mit steifen Knien zu ihm hinüber. Hier, hier bin ich! Ihr Finger schnellte in die Luft wie in der Schule. Die Maria folgte. Emilie konnte das Knarzen der orthopädischen Schuhe und das Tocktock des Stocks in ihrem Rücken hören.

Schrey Ihr Name? Der junge Mann spielte mit einem goldenen Knopf im Ohrläppchen. Kuscheltiere von der Firma Steiff, hatten die nicht auch so einen Knopf im Ohr, und galten die deswegen nicht als besonders echt? Aber echt, was war das heute noch? Der Kleine von Ali Baba sagte *echt* an der Stelle, wo am Satzende ein Fragezeichen hingehörte, und meinte damit: Ist doch wohl nicht wahr!

Der junge Mann mit dem Knopf im Ohr sagte: Der Shuttle Ihres Hotels in Teplice fährt heute nicht, soll ich ausrichten. Aber Sie können ein Taxi nehmen und die Quittung der Rezeption vorlegen.

Danke, sagte Emilie, danke für Ihre Geduld, sehr freundlich von Ihnen.

Kein Thema, sagte der junge Mann.

Thema? Welches Thema?, fragte Emilie. Habe ich da etwas nicht mitgekriegt?

Sie schaute sich nach der Maria um. Plötzlich war sie müde, und mit der Müdigkeit kam ein Gefühl, das versuchte, keins zu sein. Ich habe mal wieder das Wichtigste vergessen, dachte sie, aber konnte sich nicht erinnern, was das Wichtigste war. Vielleicht ein Medikament, das noch daheim auf dem Küchentisch lag? Maria, sagte sie leise, Maria, es schneit in meinem Kopf. Ob nicht eigentlich die Maria das Wichtigste war, auch wenn sie nicht auf dem Küchentisch lag?

Ich habe Ihren Namen gehört, sagte da eine Stimme dicht neben Emilie. Wenn Sie mögen, kann ich Sie nach Teplice fahren.

Als sie hochschaute, sah sie, dass die Stimme zu einem Mann gehörte, der ihr auf den ersten Blick jung und auf den zweiten bekannt vorkam. Er hatte ihr vor Jahren das Klavier abgekauft, als die Maria mit ihrem kleinen Flügel bei ihr eingezogen und für zwei Instrumente in dem kleinen Haus am Hang nicht genügend Platz gewesen war.

Emilie ertappte sich dabei, dass sie mit den Händen schlackerte, als hätte sie sich an der Nähe des jungen Mannes verbrannt.

Seine Haare waren zu einem Zopf zusammengebunden. Die Koteletten kamen ihr breit und verwegen vor. Wollte er demnächst in einem Film mitmachen oder woanders erfolgreich sein? Bach, Skrjabin, Britten, Beethoven, die alle konnte er auf jeden Fall perfekt spielen. Hatte er alle auf ihrem Klavier ausprobiert, bevor er es gekauft hatte, ohne über den Preis zu verhandeln. Sein Name allerdings war in eine unauslotbare Tiefe gefallen. Die Maria hatte wegen ihm Streit angefangen. Warum, wusste Emilie nicht mehr. Sie fuhr mit der Hand die Leiste ihrer weißen Bluse abwärts. Alle Knöpfe da, vollzählig, wie Vögel auf einer Friedhofsmauer. Wurde sie närrisch? War das nicht dieser Klavierlehrer gewesen, der im Hinausgehen damals gesagt hatte: Maria ist besser als Scharia, und der jetzt so freundlich neben ihr stand? Oder hatte das ein Nachbar gesagt? Der Vater des Jungen von nebenan vielleicht, den dieser Klavierlehrer hier unterrichtete? Der Junge hatte nach Meinung seiner Mutter das absolute Gehör, studierte aber trotzdem Volkswirtschaft. War auch besser so, denn sonst würde er sich mit fünfzig noch auf den langen Fluren des Lebens wie auf Schulfluren herumdrücken und hoffen, dass ihm endlich einer sagte, wie das alles so ging mit dem Leben. Leonhard hieß der Junge. Doch wie hieß sein Klavierlehrer? Es fiel ihr nicht ein. Vielleicht sollte sie weniger Fleisch essen. Emilie zog die Mundwinkel nach oben. Einfach mal lächeln, sagte sie sich, es würde schon irgendwie weitergehen. Auch ohne Fleisch. Neulich hatte sie es ja nicht mal mehr geschafft, den Preis von drei Zwiebeln zusammenzurechnen, und eines Tages, hatte die Maria an jenem Tag gesagt, würde Emilie noch mit dem Stadtplan von Zürich unter der Nase durch Altenbeken laufen auf der Suche nach verlorenen Zeiten.

Guten Tag, sagte die Maria jetzt zu dem Klavierlehrer und stellte sich dicht neben Emilie. Guten Tag, Joseph.

Emilie lächelte noch immer. Die Maria mochte Joseph nicht. Aber das war vor zweitausend Jahren schon so gewesen, warum sollte es jetzt anders sein?

Zu dritt verließen sie den Bahnhof. Die Maria ging mit Stock zwischen ihnen.

Kein Gepäck?, fragte Joseph.

Haben wir mit der Bahn vorausgeschickt, sagte die Maria.

Vernünftig, sagte Joseph.

Wieso vernünftig, sagte die Maria, kennen wir uns so gut?

Neben einem Fotofix-Automaten stand eine hübsche, aber blasse Frau, in deren Armen sich ein Akkordeon räkelte. Ich kenne die, dachte Emilie, als sie die Frau genauer ansah. Hatte sie die nicht schon einmal gesehen, in Begleitung eines kleinen Mädchens, das einen Schulranzen mit aufgeklebten Engelsflügeln auf dem Rücken und ein Kinderakkordeon vor dem Bauch gehabt hatte? Sie konnte sich aber auch täuschen. Nach vierzig Jahren Schuldienst kam einer pensionierten Studienrätin alle Welt bekannt vor. Das mochte eine Lehrerinnenkrankheit sein.

Emilies Schritt wurde langsamer, und sie suchte in ihrer Handtasche nach dem Portemonnaie. Die beiden anderen gingen weiter. Emilie warf einen Schein in die Keksdose *Für Musike*. Als sie die beiden anderen wieder einholte, lachte sie etwas zu laut und sagte: Folgendes. Ein Mann mit Cello läuft der anfahrenden Straßenbahn hinterher. Ruft ein anderer ihm zu: Hättn Se besser Geige gelernt!

Ach, Emilie, sagte die Maria und hakte sich unter. Doch die Geste fühlte sich kalt an. Ein kalter Ofen konnte nicht kälter sein.

An einem Aprilmorgen Anfang der Achtzigerjahre hatte die Maria eines Morgens plötzlich im Lehrerzimmer gestanden und dem Sportlehrer von ihrem Heimatort an der polnischen Grenze erzählt. Emilie hatte sich neugierig dazugestellt.

Sie kenne ich ja noch gar nicht.

Das wird sich jetzt ändern, hatte die Maria trocken versprochen.

Bei einem Onkel hatte die Maria als Kind auf dem Dorf gelebt. Der Onkel war ein Mathematikprofessor gewesen, der im Sommer lange Klebestreifen gegen Fliegen vor dem Klo beim Stall aufgehängt hatte. Nachts blieben dort die Frauen mit ihren Haaren hängen, hatte die Maria gesagt. Sind Sie Polin?, hatte der Sportlehrer höflich gefragt. Über einer weißen Bluse hatte die Maria an jenem Morgen einen roten Pullunder getragen, beides eine Nummer zu eng. Damals war sie noch nicht diesen plötzlichen Traurigkeiten ausgeliefert gewesen, diesem Gefühl, bei Anbruch der Dämmerung in die unendliche Weite des Alls und eine ebenso unendliche Einsamkeit katapultiert zu werden. Die blaue Stunde ist eigentlich schwarz, und du bist mein Schutzraum, wenn der Tag zu Ende geht, Emilie, denn nachts ist es dunkel wie unter der Erde, hatte die Maria oft gesagt. Nach der Pensionierung war Maria zu Emilie gezogen, in diese Straße auf halbem Hang mit den großen Gärten, wo sie den Nachbarn beim Espressokochen zuhören konnten oder wie sie ihre schweren Gartenstühle über die Steinterrassen rückten und dabei Alleingespräche führten mit ihren Katzen oder einem betagten Hund. Emilies Haus war zu klein, um die Möbel aus zwei Haushalten zu beherbergen. Sie verkaufte ihr Klavier, damit sie Marias Instrument behalten konnten, auf dem aber keiner mehr spielte. Denn die Maria fing an, unter Anfällen von Angst zu leiden, sobald sie ein Klavier spielen hörte, sogar wenn es nur ganz von fern aus dem geöffneten Fenster eines Nachbarhauses drang. Das Klavier ist für Diderot eine Metapher für die Seele, sagte die Maria, und die Seele ist für mich die Schwester vom Tod. Sie fing an, Zeitungsartikel über Menschen zu sammeln, die nicht glücklich waren, schnitt sie aus, strich sie glatt und arrangierte sie auf den Tasten ihres alten Instruments, bevor sie den Deckel wieder verschloss.

Ich sitze hinten, sagte die Maria, als sie bei Josephs Auto in der Kurzparkerzone ankamen. Er schloss wortlos auf, und sie schob sich mit zusammengekniffenen Lippen neben einen angeschmuddelten militärgrünen Rucksack auf dem Rücksitz. Wären sie jetzt daheim, dann würde die Maria, verbissen in ihre schlechte Laune, die Speisekammer aufräumen, und Emilie würde sagen: Wenn man so aufräumt, hat man was anderes, Wichtigeres im Leben nicht bewältigt. Emilie ließ sich vorsichtig auf den Beifahrersitz fallen und zog die Beine mit geschlossenen Knien nach. Den Gurt hielt sie mit einer Hand von ihrer gebügelten Leinenbluse fern. Sie schwitzte immer mehr, während sie aus der Stadt hinaus Richtung Norden und sich an Pirna vorbei der tschechischen Grenze näherten. In ihrem Leben hatte es nur ein Mal einen Mann gegeben. Einen Studienassessor namens Achim aus Tübingen mit schlechter Haut. Sie hatte ihn den Eltern vorgestellt, noch bevor sie sich geküsst hatten. Als sie ihn vor zehn Uhr abends zum Bahnhof hatte bringen müssen, kam es jedoch dazu. Seine Lippen streiften ihre. Danach schrieb er in einem Brief von der Schönheit ihrer Hände und einer Verlobung. Die Mutter fand das obszön. Diese Erinnerung kam Emilie jetzt vor wie eine Art Dummheit. Sie machte einen schweren, schwindligen Kopf, als blicke sie nicht zurück durch die Fluchten der Zeit, sondern von einem Turm aus großer Höhe auf die Erde hinab. Sie drehte sich zum Rücksitz. Ach, die Maria. Wie alt sie geworden war, hatte Emilie zu deutlich am Tag nach der Operation am grauen Star gesehen. Erschreckend alt, hatten die unbestechlichen neuen Linsen im Innern von Emilies Augen dem Gehirn mitgeteilt. Emilie hielt den Gurt noch weiter von ihrer Bluse weg. Den Assessor hatte sie nie wiedergesehen, die Maria und sie hatten sich ganz anders geküsst. Mit Zunge und Biss hatten die Münder sich in ihrer wilden Zeit vereint und die Sprache des Paradieses gesprochen. Und dann, eine Schrecksekunde später, also genau JETZT, war ein ganzes Zeitalter vergangen.

Alles in Ordnung, Maria?

Danke der Nachfrage, man lebt, kam es von hinten. Plötzlich war der Atem der Maria ganz nah und roch nach Nagellackentferner, wie immer, wenn sie in großer Anspannung war. Sie hatte ihren Kopf zwischen die Kopfstützen geschoben.

Haben Sie eigentlich keine Kinder, Joseph?

Nein.

Schade.

Wieso, Sie doch auch nicht, oder?

Die Maria zog ihren Kopf zurück, und Joseph sagte: Wer keine Kinder hat, hat viele.

Emilie sah ihn von der Seite an. Er erwiderte kurz ihren Blick. Wie weiß das Weiße in seinen Augen war.

Kurz nach Pirna hielten sie an einer Tankstelle. Die Maria ließ ihren Stock liegen, während sie zur Toilette ging. Emilie drehte sich zur Rückbank um. Krücke und Rucksack sahen plötzlich aus, als hätten sie es ganz gut miteinander, solange kein Mensch störte. Emilie stieg ebenfalls aus und folgte der Maria. Wenn die ohne Stock lief, wackelte sie mehr mit dem Hintern.

Labamba!

Was? Die Maria drehte sich um.

Nichts, sagte Emilie, ich habe nichts gesagt.

Eine Tageszeitung wehte zwischen den Tanksäulen Richtung Straße und schien es eilig zu haben.

Im nächsten Jahr, sagte die Maria, lassen wir uns von unserem persischen Schah in den Urlaub bringen. Er wird uns einen günstigen Pauschalpreis machen.

Der Wind ließ von der Zeitung ab, kehrte um. Er fuhr der Maria ins Haar, sodass Emilie den schmalen grauen Ansatz am Scheitel sehen konnte.

Ich weiß nicht, sagte sie, ich weiß nicht, irgendwie bin ich krank, bin ich im Schrank.

Wir sind ja gleich da, Emmi.

Die Maria strich sich über den Hinterkopf.

Wir dürfen nicht vergessen, ihm Geld für den Sprit zu geben.

Dann nahm sie Emilies Hand. So gingen sie zur Toilette.

Eine knappe Stunde später setzte Joseph sie im Hotel Paradies ab. Die Maria legte eine Hand auf das Wagendach, nachdem sie ausgestiegen war.

Sie müssen schauen, dass Sie vor Einbruch der Dunkelheit noch zurückkommen, junger Mann, sagte sie.

Ich komme gern noch auf einen Kaffee mit hinein, sagte er.

Neben der Rezeption standen bereits ihre Koffer. Beide mit Rosenmuster. Gobelin-Imitat. Hinter dem Tresen stand das gleiche Mädchen wie im vergangenen Jahr. Sie legte einen Schlüssel vor sich hin und war schwanger.

Nur einer?, fragte Emilie. Haben wir nicht unsere alten Zimmer?

Die Maria nahm den Schlüssel. Du wirst vergesslich, Fräulein Schrey, sagte sie, unsere alten Zimmer werden erst morgen frei. Wir haben die erste Nacht ein Doppelzimmer. Emilie sah auf ihre Hände. Sie geht mit mir um, als sei ich eines ihrer albernen Deckchen, das sie abends beim Radiokonzert in einen Metallrahmen spannt und bestickt, dachte sie. Stich um Stich versucht sie, mich fertigzumachen. Aber ich halte durch. Ich werde vergesslicher, aber deswegen nicht sterblicher als sie, und eines Tages werde ich, ja ich, mit Rucksack und Gießkanne auf den Friedhof gehen, nicht sie. Ein rötlicher Ton vom Abend wird über den Gräbern liegen und dahinter ein sinkendes Blau vom Himmel. Die Sonne wird sehr tief stehen, ich werde den Kopf recken, um Schatten für die Augen zu haben, und alle Gräber auf meinem Weg gießen, die Durst haben, auch die unbekannten. Ich werde unter der Rotbuche bei den Grabkammern mich kurz ausruhen müssen, bei den toten Fabrikanten und all den anderen Reichen, werde meine Füße auf die Sitzfläche und den Kopf in den Nacken legen, um die Unterseite der Buchenblätter zu betrachten, deren hellere Bäuche. Ich werde mit Tupperdose, Thermoskanne und Apfelschnitzen die Steinbank auf ihrem Grab decken, die ich extra für meine Picknicks dort habe aufstellen lassen, um beim Essen dem großen Radiergummi in meinem Kopf zu lauschen, der sich in aller Ruhe von vorn nach hinten vorarbeitet. Bis unter ihren morschen Sargdeckel. Doch der Tag, an dem wir uns kennenlernten, wird als letzter ausradiert.

Beim Panoramafenster zum Garten aß ein älteres Paar Pfannkuchen mit Spargel, ohne von den Tellern aufzuschauen. Der Mann hatte die Ärmel seines weißen Hemds aufgekrempelt und trug Trachtenlederhosen, die Frau ein Dirndl. Draußen sah es nach Regen aus. Joseph durchquerte den Speisesaal und öffnete die Tür zur Terrasse. Fliederduft hing in der Luft, als wäre die Welt soeben erschaffen worden.

Wollen wir?

Ja, sagte Emilie.

Nein, sagte die Maria, nicht ins Freie.

Doch, sagte Joseph, mit Decke.

Als sie eine Stunde später in den Saal wechselten, saß beim Panoramafenster noch immer das rustikale Paar, jetzt ohne Spargel. Aus einem Eiskühler neben ihrem Tisch schaute die Unterseite einer leeren Flasche. Eine nächste mit Rotwein wartete neben der Kerze. Der Mann fuhr mit dem Zeigefinger immer wieder durch die Flamme. Die Frau schwieg. Die Maria nahm als Erste zwei Tische weiter Platz. Ein Kellner dimmte das Licht. Die Strahler auf der Terrasse schaltete er ganz aus. Jetzt hing nur noch der Mond über dem Ort, wo sie eben noch gesessen hatten. Er war rund und hatte einen milchigen Hof. Was gesagt worden war und was nicht, war noch da, in der Spanne zwischen Stuhl und Stuhl. Zwei Tische weiter sagte die Frau im Dirndl zu dem Mann in den Trachtenlederhosen, es sei schrecklich mit ihrem Gatten. Neulich sei er nachts in seinem betreuten Wohnen aufgewacht und habe geglaubt, es sei viel früher in seinem Leben. Im Nachbarbett habe er nämlich sie, die Ehefrau, erwartet. Aber da lag ein anderer Mann. Was will der hier, habe er gebrüllt, mich mit meiner Frau betrügen? Er habe zugeschlagen und sofort vergessen, dass er geschlagen hatte.

Emilie schaute auf die Puffärmelbluse der Frau. Woraus der Mann wohl mitten in der Nacht erwacht sein mochte?

Joseph trank den Rest seines halb vollen Glases in einem Zug leer und bestellte einen halben Liter Hauswein nach.

Warum geben Sie eigentlich keine Konzerte?

Die Maria legte eine Hand über ihr Glas, als er nachschenken wollte.

Warum arbeiten Sie als Klavierlehrer, obwohl im Telefonbuch steht, Sie seien Pianist?

Sie legte die Hand auch über Emilies Glas.

Lampenfieber, sagte Joseph. Das habe ich von meinem Vater geerbt, das Lampenfieber. Der war auch Klavierlehrer.

Er goss sich sein Glas bis zum Rand voll. Das rustikale Paar ließ die Rechnung aufs Zimmer schreiben und ging. Die Rezeption sei ab 22.00 Uhr nicht mehr besetzt. Auf dem Tresen stehe aber ein Schild mit der Handynummer der Inhaberin für Notfälle, sagte der Kellner. Auch er verabschiede sich jetzt.

Wo ist die Toilette, bitte?, fragte Joseph.

Hier lang, sagte der Kellner und zog im Hinausgehen eine dünne zweifarbige Windjacke über sein schwarzes Jackett.

Joseph schwankte, während er ihm folgte. Kurz vor dem Abgang zur Toilette drehte er sich zu den beiden Frauen um, rief ein Wort durch den spärlich beleuchteten Speisesaal, hob die Faust und verschwand wie ein Schauspieler in der Versenkung.

Was hat er gesagt?, fragte Emilie. Etwa Dresden?

Ja.

Wieso das?

Da zieht er demnächst hin. Er hat sich dort als Korrepetitor an der Oper vorgestellt. Hörst du denn gar nicht mehr zu?

Die Maria schaute sie an, ohne große Erwartungen, aber auch ohne enttäuscht zu sein.

Dresden, zog Emilie das Wort in die Länge. Parkhaus, sagte sie, Schweinsleber, Sekundenkleber, Fliegenfänger, Fotzenfrau, Hundescheiße.

Hör auf, ich mag keine hässlichen Wörter, sagte die Maria.

Aber ich mag Hundescheiße, sagte Emilie.

Die Maria legte eine Hand auf Emilies Hand, und Emilie spürte ihr eigenes Herz schlagen, als wollte es etwas sagen. Aus dem Abgang zur Toilette kamen die Töne eines verstimmten Klaviers.

Er spielt? Emilie zog die Hand unter Marias weg und öffnete den obersten Knopf ihrer weißen Bluse.

Da unten muss ein Klavier stehen, sagte die Maria.

Und er spielt.

Schubert, sagte Maria. Ich habe so ein Gefühl, dass etwas in seiner Kindheit ziemlich schiefgelaufen sein muss.

Emilie nickte und sagte: Spielen geht aber noch.

Aber fahren kann er nicht mehr, sagte die Maria.

Ein Schreibtisch am Fenster, darüber ein Bildschirm am Schwenkarm, zwei Koffer, zwei Kopfkissen mit zwei abgepackten Schokoladenkeksen darauf zur Begrüßung für zwei Gäste, zwei Nachttischlampen, die Handtücher am Fußende, auch die zu zweit, jeweils ein kleines und ein großes. Kein Sofa. Die Maria setzte sich auf den Bettrand, legte das Kinn auf den Knauf ihres Stocks und sah so glatt und glücklich aus wie an jenen späten Vormittagen daheim, wenn die Post klingelte und sie mit dem Briefträger flirtete. Joseph ging zum Fenster. Mit zu viel Schwung schloss er die Gardine. Fast fiel er dabei um, verlängerte aber die Bewegung Richtung Bett. Hechtsprung, murmelte er und landete mit dem Kopf nah bei der Maria. Zur Antwort nahm sie ihr Kopfkissen und warf es unter den Schreibtisch. Da ist dein Platz, du Hecht, sagte sie. Oder hatte sie nur Platz! Hecht! gesagt? Sie erhob sich unsicher, legte den Stock quer über ihre Betthälfte, öffnete den Koffer mit dem Rosenmuster, welchen die kleine Schwangere von der Rezeption vor Stunden auf die Ablage neben dem Kleiderschrank gehoben haben musste. Mit Waschbeutel unter dem einen und zwei Handtüchern unter dem anderen Arm hinkte sie ins Bad. Schon viel früher, als sie noch jung gewesen war, hatte Emilie immer gedacht, sie hinkt ja. Aber das war es nicht gewesen, wenigstens damals nicht. Damals war sie einfach nur ernst gewesen. Die Schuhe knarzten. Die Tür schlug zu. Joseph zog das Haargummi vom Zopf, spannte es und ließ es gegen die Badezimmertür flitzen. Zur Antwort drehte die Maria den Schlüssel im Schloss um. Der Klodeckel klapperte, die Spülung spülte, die Lüftung rauschte, und da war noch ein Geräusch auf der anderen Seite der Wand, ein Reißen und Fallen von etwas sehr Leichtem. Als die Maria aus dem Bad kam und Emilie hineinging, sah sie, es waren drei oder vier Ringe vom Duschvorhang herausgerissen. Ob die Maria sich in einem plötzlichen Drehschwindel an dem blümchenbedruckten Wachstuch festgehalten hatte? Emilie beugte sich über das Waschbecken. Beide Zahnputzgläser waren leer. Also hatte die Maria nicht ihr Gebiss herausgenommen.

Ob sie vorhatte, mitten in der Nacht noch einmal zu lächeln?

Ob sie annahm, dass jemand sie im Dunkeln dabei sah?

Ob das noch immer nicht vorbei war, dass die Maria einfach talentierter und tüchtiger war, vor allem was das Überleben im Ungewissen und den Spaß daran betraf? Emilie zog die Schuhe aus. Die verstärkten, dunkel verschwitzten Kappen der blickdichten Nylons sahen aus, als könnte sie auf ihnen Spitze tanzen. Zu spät fast alles und das schon lange. Sie nahm die Halskette ab. Den Rest behielt sie an. Als sie die Badezimmertür wieder öffnete, fiel ein Streifen Licht bis zum Kleiderschrank. Alle Gefühle, Verwegenheit, Neugier, Einsamkeit und Furcht, saßen plötzlich auf einem. Jetzt guck nicht erst in allen Ecken herum, mach lieber das Licht aus, sagte die Maria mit vor Müdigkeit tiefer Stimme vom Bett her. Gut, dann packen wir eben morgen aus, sagte Emilie und tastete sich zu ihrer Betthälfte, mit Schritten wie ein Storch, um nicht auf Joseph zu treten, der irgendwo halb unter dem Schreibtisch herumliegen musste. Hatte die Maria sich ausgezogen? Vielleicht konnte auch sie heimlich Strümpfe und

Rock unter dem Plumeau abstreifen, auf dem Bettvorleger deponieren und gleich vor dem Aufstehen wieder anziehen? Niemand hatte das Fenster gekippt, egal, Emilie schob sich unter die Decke und streckte die Linke aus. Ihre Finger stießen auf nackte Haut, fuhren weiter an einer Linie aus Härchen entlang. Wo kommt denn das Unkraut her?, dachte sie und rutschte mit dem Zeigefinger in ein Loch. Alle Gefühle rissen das Maul auf, mit Zähnen so lang wie Zahnstocher. Hier lag ein Wolf mit bloßem Bauchnabel im frisch bezogenen Hotelbett? Die Maria und sie waren nicht mehr zu zweit, sondern längst wie in Märchen zu dritt? Emilie hob den Kopf. Neben ihr hob sich gleichzeitig eine Hand und fuhr am Schatten der Nacht entlang in ihre Richtung. Die Geste vollzog sich in Zeitlupe. Wie viel Anstrengung es doch kostete, zu sehen, was man sah. Dieser lange Bogen einer menschlichen Hand hatte nur noch wenig mit Menschsein zu tun. Er war Ausdruck von Zeit, Zeit unter der Lupe. Zeit, die Ursache und Wirkung so weit auseinanderzog, dass es dazwischen nichts mehr zu fühlen gab. Nichts mehr. Emilies Herz fing an zu quaken wie ein Frosch. Das war es also, das Nichts? Der Tod kam als Storch? Sie musste sofort das Fenster öffnen. Sie drehte sich zum Nachttisch und schaltete das Lämpchen an. Es fiel zu Boden und blieb dort brennend liegen, aber nicht um die Finsternis zu vertreiben, sondern um deren Kern zu erleuchten. Joseph lag ausgestreckt ohne Hemd und mit offenen Augen auf jenem schmalen Niemandsland zwischen Bett und Bett, welches Emilies Mutter in der Ehe mit dem Vater Besucherritze genannt hatte. Aber nie hatte ein Besuch zwischen den beiden geschlafen.

Vergiss nicht, dass wir ihn morgen bezahlen müssen, sagte die Maria.

Deswegen hatte sie also die Zähne nicht rausgenommen, um diesen einen Satz noch sagen zu können?

Emilie sah Joseph an, der im Dunkeln zwischen ihnen lag.

Wichser.

Später im Traum lief sie durch eine Hügelgegend, unterhalb eines Gasthofes, in einem Wintermantel mit großen Seitentaschen wie Satteltaschen. Ich habe hier tote Tiere drin, können Sie die mal rausnehmen?, fragte sie jeden, den sie traf. Frag Achim, antwortete jeder. Immer weiter fragte sie, immer wieder kam die gleiche Antwort. Frag Achim. Dann schließlich ihre Gegenfrage: Wer ist Achim? Und die Welt explodierte. Sie wachte auf. Bis zum Morgen blieb sie mit Blick auf das kleine gelbe Licht des gestürzten Nachttischlämpchens liegen, von jeglicher Erwartung isoliert, ganz eingeschlossen in sich selbst und in den Schmerz der rechten Hüfte.

Um kurz vor sieben in der Früh begleitete Emilie Joseph zum Auto. Ein Mädchen an der Rezeption, das nicht schwanger war, bohrte erstaunt in der Nase, als sie die beiden gemeinsam die Treppe hinunterkommen sah. Sie fragte nichts. Die Maria thronte noch aufgebahrt im Zimmer, oben auf dem Plumeau, genau so, wie sie sich für die Nacht positioniert hatte. Sogar die Schuhe hatte sie noch an, klein und glänzend, schwarz und fest verschnürt drückten sie sich mit den Schmutzresten vom Vortag ins weiße Bettzeug. Kurz hatte sie die Fußspitzen zueinandergedreht, als Emilie mit Joseph aus dem Zimmer gegangen war. Denk dran, hatte sie gesagt.

Aber das Spritgeld wollte Joseph nicht annehmen.

Dann grüßen Sie mir Dresden.

Mach ich.

Da kommt meine Mutter her.

Indeed, not many people know that, sagte er höflich zur ehemaligen Englischlehrerin und fuhr los.

Eine Weile noch blieb Emilie auf der Straße stehen und schaute, den Kopf im Nacken, nach dem Wetter. Gestern gegen Abend war der Himmel eine Zimmerdecke gewesen, wie immer, wenn Regen aufkam. Jetzt flog ein Flugzeug zwischen Wolken und dem Blau darüber in Richtung Osten. Wie das Leben wohl aus der Vogelperspektive aussah? Sie stellte sich die Leute vor, wie sie angeschnallt auf ihren Sitzen dort oben saßen. Manche lasen, andere blickten nach unten auf die Erde, wo sie stand. Einer von ihnen hieß vielleicht Achim. Über allem lag der unendlich langsame Augenaufschlag Gottes. Jetzt würde sie erst einmal frühstücken. Kaffee kochen konnte sie noch, wenn auch keine Lehrerkonferenzen mehr durchführen.

Es roch nach Spiegelei, als sie ins Hotel zurückkam. Glocken läuteten in der Ferne. Sieben Uhr. Emilie setzte sich ans Panoramafenster, löffelte das Marmeladenglas auf dem Tisch leer und dachte: Als das Pflaumenmus wir aßen / War er lang auf und davon / Aber, glaubt uns, nie vergaßen / Wir den schönen jungen Mann. Von wem das war, hatte sie vergessen. Als sie zum zweiten Mal ans Buffet gehen wollte, um sich eine Mohnschnecke zu holen, überlegte sie es sich auf dem Weg anders und ging mit kleineren, wackeligeren Schritten als gestern noch zur Rezeption. Auf jeden Fall musste noch einmal getanzt werden! Labamba! Das Mädchen dort bohrte nicht mehr in der Nase. Kann ich mal bitte Ihr Gesundheitszeugnis sehen, und wo ist hier bitte ein öffentliches Klavier?, fragte Emilie. Gestern Abend habe ich von einem gehört, und das Mädchen sagte: Moment, ich glaube, wir haben eins im Keller, gleich bei der alten Schuhputzmaschine. Labamba, führen Sie mich dorthin, sagte Emilie und ging schon einmal los.

Im Keller, dessen Gang braun gekachelt war, stand tatsächlich zwischen Schuhputzmaschine und zwei aufeinandergestellten Teewagen mit Teakholztabletts ein ramponierter brauner Holzkasten, der mal ein Klavier gewesen war. Emilie öffnete den Deckel und drückte im Stehen einzelne Tasten. Ich lasse Sie dann mal, sagte das Mädchen und wollte nach oben verschwinden. Halt, sagte Emilie streng, halt, und drückte wieder die Tasten. Sehen Sie denn nicht, ich muss dringend jemanden anrufen, und Ihr Apparat ist kaputt?

15 Min.

WHITE SANDS

Geoff Dyer

Meine Frau und ich fuhren auf dem Highway 54 in Richtung Süden, von Alamogordo nach El Paso. Wir hatten den Nachmittag in White Sands verbracht, und mein Hirn war immer noch versengt von dem Gleißen. Ich befürchtete sogar, meinen Augen bleibende Schäden zugefügt zu haben. Der Sand besteht aus Fraueneis – was auch immer das ist – und ist hell wie frisch gefallener Schnee. Heller, ehrlich gesagt. Es ist ziemlich unglaublich, dass irgendetwas so hell sein kann. White Sands ist ein wirklich guter Name dafür, auch wenn wir den Ort zunächst etwas enttäuschend fanden. Der Sand war ein bisschen verfärbt, nicht völlig weiß. Während wir weiterfuhren, schlich sich der Sand dann auf die Straße, und es wurde weißer, und bald war alles weiß, selbst die Straße, und dann war da keine Straße mehr, nur noch dieses helle Weiß. Wir stellten das Auto ab und gingen hinein, hinein in das Weiß. Es war schwer zu glauben, dass ein solcher Ort wirklich existierte. Der Himmel war makellos blau, aber was noch einmal unterstrichen werden muss, ist das Weiß des Sandes, der nicht weißer hätte sein können. Gern wären wir länger in dieser unbefleckten Wildnis geblieben, aber wir mussten abends in El Paso sein. Wir gingen zum Auto zurück und fuhren aus dem Park hinaus.

Jessica saß am Steuer. Es war später Nachmittag. Wir waren ungefähr hundert Kilometer südlich von Alamogordo, und es begann zu dunkeln. Ein Güterzug fuhr parallel zur Straße, ebenfalls unterwegs in Richtung Süden.

»Ein Anhalter!«, sagte ich und deutete mit dem Finger auf ihn. »Wollen wir ihn mitnehmen?«

»Sollen wir?« Jessica fuhr etwas langsamer. Wir konnten ihn jetzt genauer erkennen, ein Schwarzer Ende zwanzig; er wirkte gepflegt und nicht wie ein Irrer oder jemand, der schlecht riecht. Wir verlangsamten auf Schritttempo und sahen ihn uns ganz genau an. Er sah okay aus. Ich ließ mein Fenster, das Beifahrerfenster, herunter. Er hatte ein nettes Lächeln.

»Wohin fahrt ihr?«, sagte er.

»El Paso«, sagte ich.

»Das wäre für mich super.«

»Klar. Steig ein.«

Er öffnete die Tür und stieg auf den Rücksitz. Unsere Blicke begegneten sich im Rückspiegel. »Hi«, sagte Jessica.

»Danke euch«, sagte er.

»Gerne doch.« Jessica beschleunigte, und bald fuhren wir wieder mit 110 km/h und waren gleichauf mit dem langen Güterzug zu unserer Linken.

»Woher kommst du grad?«, fragte ich und drehte mich auf meinem Sitz um. Ich sah jetzt, dass er wohl doch etwas älter war, als ich zunächst geschätzt hatte. Er hatte tiefe Furchen im Gesicht, aber seine Augen waren freundlich, und sein Lächeln war noch immer nett.

»Albuquerque«, sagte er. Das überraschte mich ein wenig. Der direkte Weg von Albuquerque nach El Paso hätte über die I-25 geführt. »Woher seid ihr?«, fragte er.

»London«, sagte ich. »England.«

»Das Königreich«, sagte er.

»Genau.« Ich hatte mich wieder nach vorn gewandt, weil ich fürchtete, wenn ich mich länger in meinem Sitz verdrehte, würde ich einen steifen Hals bekommen, wofür ich anfällig bin.

»Dachte ich mir«, sagte er. »Ich liebe euren Akzent.«

»Und du?«

»Ursprünglich aus Arkansas.«

»Da kommt meine Mutter her«, sagte Jessica. »El Dorado, Arkansas. Bevor sie nach England gezogen ist.«

»Ich bin aus Little Rock«, sagte er.

»So wie Pharoah Sanders«, sagte ich. Es war eine sinnlose Bemerkung, aber ich habe immer den Drang, mich hervorzutun, zu zeigen, was ich alles weiß; in diesem Fall, dass ich mich mit Jazz auskenne, mit schwarzen Jazz-Musikern. Der Typ war offensichtlich kein Jazz-Fan. Er nickte, erwiderte aber nichts, und wir machten uns für die von gelegentlichen Einwürfen unterbrochene Stille bereit, die in solchen Situationen allgemein am besten funktioniert. Wir hatten geklärt, woher wir kamen und wohin wir unterwegs waren, und eine angenehme Atmosphäre breitete sich im Wagen aus. Dann, weniger als eine Minute später, wurde diese angenehme Atmosphäre durch ein Schild aufs Jähste gestört:

hinweis
keine anhalter mitnehmen
vollzugsanstalten in der umgebung

Ich hatte das Schild gesehen, Jessica hatte das Schild gesehen. Unser Anhalter hatte das Schild gesehen. Wir alle hatten das Schild gesehen, und das Schild hatte unser Verhältnis zueinander grundlegend verändert. Was mich beschäftigte, war der Plural: nicht *eine* Vollzugsanstalt, sondern Vollzugsanstalt*en*. Mehrere. Das Hinweisschild – und die Tatsache, dass es sich als Hinweis verstand und nicht als Warnung, baute mich etwas auf – gab nicht an, *wie* viele, aber es waren eindeutig mehr als eine. Ich guckte Jessica nicht an. Sie guckte mich nicht an. Das war nicht notwendig, denn auf eine gewisse Weise guckte jeder jeden an. Abgesehen davon, dass wir nicht schauten, sprach auch niemand ein Wort. Ich habe immer an das Konzept der Schwingungen geglaubt: gute Schwingungen, schlechte Schwingungen. Nachdem wir das Schild gesehen hatten, veränderten sich die Schwingungen im Auto – die sehr gute Schwingungen gewesen waren – komplett und wurden zu sehr schlechten Schwingungen. Es war eine physikalische Tatsache. Auf irgendeine Weise hatten die Moleküle im Wagen selbst einen chemischen Prozess durchlaufen. Das Auto war nicht mehr derselbe Ort, der es noch eine Minute zuvor gewesen war. Und der Himmel hatte sich verfinstert – ein weiterer Faktor.

Bald kamen wir an den Anstalten vorbei, die eindeutig zum Zwecke des Vollzugs errichtet worden waren. Beide – es waren zwei, eine auf der rechten und eine auf der linken

Seite – waren von der Straße zurückgesetzt, von hohen Mauern aus Stacheldraht umgeben und von hellen Bogenlampen angestrahlt. Es gab keine Fenster. Der Wille, die Bedrohung einzuschließen, war so heftig und so bestimmend gewesen, dass die Gebäude jetzt selbst bedrohlich wirkten. Zugleich hatten sie beide etwas von IKEA-Möbelhäusern. Ich hätte mir gewünscht, dass es IKEA-Filialen gewesen wären. Es wäre so schön gewesen, wenn unser Anhalter gesagt hätte, er sei hergekommen, um ein Sofa oder eine Küche zu kaufen, und habe unterwegs eine Autopanne gehabt. Das hätte unser Mitgefühl erweckt. Stattdessen sprach niemand ein Wort. Niemand sprach ein Wort, aber ich weiß, was ich dachte: Ich dachte, dass ich mir noch nie so sehr gewünscht hätte, die Zeit nur um zwei Minuten zurückdrehen zu können. Wie gern hätte ich die Zeit zurückgedreht und zu Jessica gesagt: »Wollen wir ihn mitnehmen?«, worauf sie erwidert hätte: »Nein, lieber nicht«, um weiterzufahren und ihn dort stehen zu lassen, wo er war. Aber man kann in diesem Leben nicht die Zeit zurückdrehen, nicht einmal um zwei Sekunden. Alles, was geschehen ist, bleibt geschehen. Alles hat Konsequenzen, und die Konsequenz daraus war, dass wir ihn nicht nicht mitgenommen haben konnten, aber ich hätte ihn bitten können auszusteigen. Ich hätte sagen können: »Hör mal, Kumpel, es tut mir leid, aber könntest du unter diesen Umständen vielleicht zusehen, dass du dich schleunigst aus unserem Auto verpisst?« Das hätte ich tun können, aber ich tat es nicht, aus verschiedenen Gründen. Erstens hatte ich Angst, wenn ich ihm vorschlug auszusteigen, könnte er durchdrehen und uns umbringen. Zweitens hatte ich Angst, wenn ich ihn bat –

oder ihm vielmehr befahl – auszusteigen, könnte das unhöflich wirken. Statt ihn zu bitten auszusteigen, fuhren wir also in angespannter Stille weiter. Das Auto sauste dahin. Langsamer zu fahren schien sinnlos. Man kann jeder Situation etwas Positives abgewinnen. In dieser Situation war es die Tatsache, dass wir ungehindert vorankamen. Jessica umklammerte das Lenkrad. Niemand sprach. Die Stille war nicht auszuhalten, aber unmöglich zu durchbrechen. Ich wusste nicht, was ich tun sollte, also schaltete ich das Radio ein. Es war noch auf einen Classic-Rock-Sender eingestellt, den wir vor der Ankunft in White Sands gehört hatten, und sobald im verblassenden Licht von New Mexico die ersten Töne erklangen, erkannte ich das Regengeplätscher und Pianogeklimper von *»Riders on the Storm«*. Ich bin ein großer Doors-Fan, aber in diesem Moment wollte ich das Lied nicht hören. Es war unglaublich. Ein paar Augenblicke später hörten wir Jim Morrison mit sanfter Stimme singen:

There's a killer on the road
His brain is squirming like a toad ...

Nachdem das Einschalten des Radios zu einem so desaströsen Ergebnis geführt hatte, erschien es mir jetzt unmöglich, es auszuschalten. Zu dritt saßen wir da und lauschten:

If you give this man a ride
sweet family will die ...

Jessica befolgte den Rat, den Jim Morrison an einer anderen Stelle seines Œuvres gibt. Sie ließ die Augen auf der Straße und die Hände am Steuer. Ich ließ meine Augen auf der Straße und die Hände in meinem Schoß. Der Tag wurde noch immer zum Abend. Die Lichter der entgegenkommenden Autos blendeten und schienen nichts Gutes zu verheißen. Der Song lief weiter. Ray Manzarek spielte sein jazziges kleines Solo auf dem E-Piano oder was es sonst war. Wir befinden uns in einem totalen Albtraum, dachte ich. Durch den Regen in der Musik wirkte es, als würde es auch hier regnen, unter dem klaren Himmel New Mexicos, südlich von Alamogordo, auf dem Weg nach El Paso. Bevor ich diesen Gedanken weiterverfolgen konnte, räusperte sich der Typ auf dem Rücksitz. In der angespannten Atmosphäre im Auto klang es wie ein Gewehrschuss.

»Hör mal, Kumpel«, sagte er.

»Ja?«, sagte ich. Auch Jessica hatte »Ja?« gesagt, genau im selben Moment, und der Klang dieser doppelten Frage explodierte in einer Salve verzweifelter guter Manieren in den Wagen hinein.

»Ich will euch was erklären.«

Eine Erklärung war so was von genau das, was wir wollten. Das Einzige, was wir uns unter den gegebenen Umständen noch mehr hätten wünschen können, war, dass er von sich aus angeboten hätte, auszusteigen und sich den Behörden zu stellen.

Ich suchte seinen Blick im Rückspiegel. Man sieht das oft in Filmen: die Augen der Person im Wagen, gerahmt vom Rückspiegel, der wiederum von der Windschutzscheibe gerahmt wird, die wiederum von der Kinoleinwand gerahmt wird. Der Blick in diesen Augen ist eigentlich nie feindselig. Er ist immer unheilschwanger. Ich begegnete seinem Blick. Unsere Blicke begegneten sich. Wegen dieser ganzen Assoziationen war es unmöglich, seinen Blick zu deuten. Außerdem hatte ich kürzlich eine Ausstellung mit Fotos von Taryn Simon mit dem Titel *The Innocents* gesehen. Die Bilder zeigten Männer und Frauen – zumeist schwarzer Hautfarbe –, die wegen schrecklicher Verbrechen verurteilt worden waren. Manche von ihnen hatten zwanzig Jahre ihrer unglaublich hohen Haftstrafen (in manchen Fällen Aberhunderte von Jahren) abgesessen, als das Urteil aufgehoben wurde, nachdem sie sich einen DNA-Test erstritten hatten. Es war nicht nur so, dass eine Spur von Zweifel blieb oder das Urteil aufgrund irgendeines Formfehlers (Polizisten, die Beweise fälschten, weil sie *wussten*, dass der Verdächtige schuldig war, es aber nicht beweisen konnten) angreifbar gewesen wäre. Nein, es war schlicht unmöglich, dass sie die schrecklichen Dinge getan hatten, für die sie verurteilt worden waren. Beim Betrachten ihrer Gesichter versucht man, Unschuld oder Schuld darin zu finden, aber es ist unmöglich. Jeder kann nach allem aussehen. Unschuldig oder schuldig: Anhand der Gesichter lässt sich das unmöglich beurteilen. Aber während es schrecklich ist, dass sie für diese schrecklichen Verbrechen verurteilt wurden, wurden diese Verbrechen von *irgendjemandem* begangen. Es könnte sogar sein, dass einige dieser Leute eben darum zu Unrecht beschuldigt worden waren, weil diese Verbrechen – diese schrecklichen Verbrechen – von demjenigen begangen worden waren, der in unserem Auto saß und jetzt langsam sagte:

»Ihr habt bestimmt die Hosen voll wegen diesem Schild, was?«

»Das ist stark untertrieben«, sagte ich. »Und der Song hat es, ehrlich gesagt, nicht besser gemacht.«

»Okay, ich erzähl euch, was passiert ist.«

»Das wäre super«, sagte ich. Manchmal glaube ich, dass das alles ist, was wir uns von unserer Zeit auf der Welt wirklich erwarten: eine Erklärung. Eine Richtigstellung. Dass uns jemand reinen Wein einschenkt, damit wir wissen, wo wir stehen und wie es von dort aus am besten weitergeht.

»Ich hab früher 'n paar Dummheiten gemacht. Ich war im Knast. Ich hab gesessen. Verstehst du, was ich sage? Ich bin vor über einem Jahr rausgekommen. Aber jetzt trampe ich einfach nur, ich will bloß ans Ziel kommen. Ich sag dir, Bruder, ich will einfach nur nach El Paso.«

»Nun, unter diesen Umständen«, sagte ich. Ich räusperte mich. Es war eine dieser Situationen, in denen man nicht sprechen kann, ohne sich vorher zu räuspern. »Unter diesen Umständen, denke ich, wäre es doch besser, wenn wir dich hier irgendwo absetzen könnten.«

»Besser für euch. Nicht besser für mich.«

»Nun, das mag wohl sein, aber unter diesen Umständen ...« Nicht nur, dass ich mich ständig räusperte, ich gebrauchte auch ständig die Formulierung »unter diesen Umständen«. Unter diesen Umständen war das unvermeidbar. »Nun, um ehrlich zu sein«, fuhr ich fort, »haben wir uns eine nette, ruhige Fahrt erhofft, und das scheint jetzt nicht mehr möglich zu sein. Unter diesen Umständen ist es sogar extrem unwahrscheinlich.«

»Na ja, die Sache ist nur«, sagte er, »ich habe nicht vor auszusteigen.« Es muss betont werden, dass er das überhaupt nicht auf eine bedrohliche Art sagte. Er machte einfach seinen Standpunkt klar, aber es war unmöglich, einen solchen

Standpunkt klarzumachen, ohne dabei eine gewisse Bedrohung auszustrahlen. Ich fürchtete, er könnte zu den Menschen gehören, die unter Stimmungsschwankungen litten. Gewaltsamen Stimmungsschwankungen. Ich leide selbst darunter. Aber im Augenblick schwankte meine Stimmung nicht, sondern senkte sich rapide oder schwankte, wenn das möglich war, gewaltsam *in eine Richtung*. Jessica umklammerte das Lenkrad und hielt die Augen auf der Straße. Irgendwie reifte in mir die Überzeugung heran, dass sie an allem schuld war. Wären wir allein gewesen – ich meine, wären wir in derselben Situation gewesen (d. h. nicht allein), aber dabei irgendwie *allein*, hätte ich wohl die Beherrschung verloren und es ihr auf den Kopf zugesagt.

»Ich will euch ein paar Sachen erklären«, sagte er. Weil ich mir nicht den Hals verrenken wollte, wandte ich mich nicht um. Ich starrte weiter geradeaus in die Dunkelheit und die entgegenkommenden Scheinwerfer und die roten Rücklichter der Autos vor uns. Er sei im Supermarkt einkaufen gewesen, sagte er. Seine Frau habe ein Verhältnis mit einem anderen gehabt, und der Bruder von dem Typen arbeite in dem Supermarkt, und eines Tages, als er eigentlich hätte arbeiten müssen, aber mit Grippe zu Hause geblieben sei …

Ich sah den entgegenkommenden Autos zu, sah die hypnotisch verschwommenen Lichter, den tintenschwarzen Himmel und fragte mich, wann wir in El Paso wären …

Und dann, als er wieder in den Supermarkt gekommen sei … Ich stellte fest, dass ich in Gedanken abgeschweift war, den Faden seiner Geschichte verloren hatte. Ehrlich gesagt, war es keine besonders gute Geschichte, oder er war zumindest kein besonders guter Geschichtenerzähler. Er erwähnte ständig irgendwelche unwichtigen Einzelheiten. Ich interessierte mich sehr für seine Geschichte, aber nicht für die Art und Weise, wie er sie erzählte. Wenige Minuten zuvor hatte ich befürchtet, er könnte ein Mörder sein; jetzt befürchtete ich, er könnte ein Langweiler sein, aber es war auch möglich, dass er ein Mörder *und* ein Langweiler war. Ich hatte nun schon seit einigen Jahren das Gefühl, dass meine Konzentrationsfähigkeit, meine Fähigkeit, anderen zuzuhören, nachließ, aber ich hatte noch nie in einem Moment, da es so wichtig – so offensichtlich in meinem Interesse – war, mich zu konzentrieren, einen solchen Gipfel der Unaufmerksamkeit erreicht. Es war so wichtig, zuzuhören, seiner Geschichte aufmerksam zu folgen, aufzupassen, aber ich konnte es nicht. Ich wollte es, ich hätte es tun sollen, aber ich konnte nicht. Ich konnte einfach nicht. Nur weil sich Leute wie ich als Schöffen verdingen, Leute, die anderen Leuten nicht zuhören können, gibt es so viele Fehlurteile, so viele Justizirrtümer. Woran auch immer ich gerade denken, worauf auch immer ich mich gerade konzentrieren sollte, dachte ich mir, immer dachte ich an irgendetwas anderes, und dieses andere war immer ich, ich und meine Probleme. Während ich das dachte, fiel mir auf, dass er verstummt war. Er hatte seine Geschichte zu Ende erzählt. Das Plädoyer der Verteidigung war abgeschlossen.

»Wir müssen tanken«, sagte Jessica.

Ein paar Kilometer weiter hielten wir an einer Tankstelle. Ich hasse tanken, besonders in Amerika, wo man vorher bezahlen muss und die ganze Sache ziemlich kompliziert und im Zweifelsfall eine ölige Angelegenheit ist. In diesem Fall aber wollten Jessica und ich beide tanken, um nicht mit diesem Typen allein im Auto sitzen zu müssen, aber wir konnten auch nicht beide aussteigen, denn dann hätte er über die Sitze klettern und wegfahren können. Nur dass er nicht wegfahren konnte, weil wir die Schlüssel brauchten, um den Tankdeckel aufzuschließen. Nur dass wir in Amerika waren und einen Mietwagen hatten, der nicht über ein Tankdeckelschloss verfügte. Ich konnte nicht klar denken, wegen des Anhalters und allem, was mit der Anhaltersituation zusammenhing. Jessica und ich stiegen beide aus. Ich betankte den Wagen. Es war ziemlich einfach. Ich sah zu, wie sich die Zahlen – Dollar, Gallonen über Gallonen Benzin – auf der Anzeige der Zapfsäule drehten. Auch wenn ich gerade andere Sorgen hatte, war es unmöglich, nicht darüber zu staunen, wie viel billiger als in Europa das Benzin hier in Amerika war.

Dann stieg auch unser neuer Freund aus dem Auto. Er trug schwarze Jeans und Turnschuhe. Die Turnschuhe waren nicht schwarz, aber sie waren ziemlich alt. Jessica stieg wieder ins Auto. Ich pumpte Benzin, wie man in Amerika sagt. Er sah mich an. Wir waren gleich groß, nur dass er ein Stückchen kleiner war. Unsere Blicke begegneten sich. Beim letzten Mal waren sie sich im Rückspiegel begegnet, aber jetzt begegneten sie sich richtig. Im Neonlicht der Tankstelle hätte man den Blick, der in seinen Augen lag, auf vielerlei Weise deuten können. Wir sahen uns ins Gesicht, von Mann zu Mann. Schwarzer Mann und weißer Mann, englischer Mann und amerikanischer Mann.

»Ich muss mal pissen«, sagte er.

»Alles klar«, sagte ich. »Nur zu.« Ich sagte das so neutral wie möglich. Ich achtete darauf, dass mein Gesichtsausdruck nichts verriet, und dann befürchtete ich, diese Ausdruckslosigkeit könnte in einer versteinerten Miene resultieren, die in Wahrheit alles verriet, und ich entspannte mich und lächelte ein wenig.

»Ihr haut doch nicht ab und lasst mich hier stehen, oder?«, sagte er.

»Dich hier stehen lassen?«, sagte ich. »Nein, selbstverständlich nicht.«

»Bist du da sicher, Bruder?«

»Ich schwöre es«, sagte ich. Er nickte und begann, langsam zu den Toiletten hinüberzugehen. Er zog das linke Bein ein wenig nach. Er legte keine Eile an den Tag und drehte sich auch nicht um. Ich blickte seiner sich entfernenden Silhouette nach. Sobald er im Inneren verschwunden war, ließ ich den Abzug der Zapfpistole los, zog sie klappernd aus der Flanke des Wagens und knallte sie ins metallene Holster der Zapfsäule zurück. Sie fiel lärmend zu Boden.

»Du musst den Hebel wieder hochschieben«, sagte Jessica. Das tat ich. Ich schob den Hebel wieder nach oben und legte das unhandliche Mundstück des Zapfschlauchs hinein.

»Schnell!«, sagte Jessica. Ich schraubte den Tankdeckel wieder zu, aber ich war zu hastig, und er hielt nicht richtig. In dem Sprichwort »Eile mit Weile« liegt viel Wahres. Endlich konnte ich ihn festdrehen, und dann lief ich vorne um den Wagen herum, während Jessica den Schlüssel im Zündschloss drehte. Der Motor erwachte röhrend zum Leben.

»Los! Los! Los!«, schrie ich, als ich auf der Beifahrerseite einstieg. Jessica fuhr ruhig und zügig an, ohne dass die Reifen quietschten, und ich schloss die Tür.

Wir fuhren sanft und sicher von der Tankstelle herunter, und Sekunden später waren wir auf der Straße. Zuerst jubelten wir, weil uns die Flucht geglückt war. Wir klatschten einander ab. Haha!

»Hast du gehört, wie ich gesagt habe: ›Ich schwöre‹?«, sagte ich.

»Genial!«, sagte Jessica. So redeten wir noch eine Zeit lang weiter, aber bald verging uns die Lust daran, denn auch wenn wir noch immer erleichtert waren, begannen wir, uns etwas schuldig zu fühlen, und nach und nach verebbte die Erleichterung.

»Deine Tür ist nicht richtig zu«, sagte Jessica nach einer Weile.

»Doch, ist sie«, sagte ich.

»Nein, ist sie nicht«, sagte Jessica. Ich öffnete die Tür ein Stück und schlug sie zu, machte sie geschlossener, als sie vorher geschlossen gewesen war.

»Entschuldige«, sagte ich. »Du hattest recht.«

»Macht nichts«, sagte Jessica. Dann: »Haben wir da gerade etwas wirklich Schreckliches getan?«

»Ja, das könnte schon sein.«

»Meinst du, es war rassistisch?«

»Ich glaube, es war einfach nur unhöflich. Voreingenommen. Unüberlegt.«

»Stell dir vor, wie er sich fühlen wird, wenn er von der Toilette zurückkommt. Er wird so niedergeschmettert sein. Er wird sich so mies behandelt fühlen.«

Wir fuhren weiter. Die Szenerie war die gleiche – Autos, Lichter, anbrechende Dunkelheit. Wir waren sicher, aber vielleicht waren wir die ganze Zeit über sicher gewesen. Jetzt, da wir außer Gefahr waren, erschien es möglich, dass es nie eine Gefahr gegeben hatte.

»Es ist, als hätte er uns einer Prüfung unterzogen«, sagte Jessica.

»Ich weiß. Es ist immer ein blödes Gefühl, bei einer Prüfung zu versagen«, sagte ich. »Ich weiß noch, wie ich mit siebzehn bei der Führerscheinprüfung durchgefallen bin.«

»Was war das für ein Gefühl?«

»Ganz genau weiß ich es nicht mehr«, sagte ich. »Nicht so gut. Wie war es denn bei dir? Du hast wahrscheinlich auf Anhieb bestanden.«

»Ja«, sagte sie, aber wir konnten dem eigentlichen Thema nicht ausweichen. Nach einer Pause sagte Jessica: »Sollen wir zurückfahren?«

»Vielleicht sollten wir das.«

»Aber wir werden es nicht tun, oder?«

»Auf gar keinen Fall«, sagte ich, und wir lachten beide. Ein paar Minuten lang fuhren wir schweigend weiter. Wir freuten uns nicht mehr, aber die Schwingungen im Auto waren wieder gut, obwohl wir uns noch immer schämten, weder unschuldig noch schuldig waren, erleichtert darüber, was wir getan hatten, und voller Reue darüber, was wir getan hatten.

»Du kennst doch diese urbanen Legenden, oder?«, sagte Jessica.

»Du meinst die mit dem verschwundenen Anhalter?«

»Ja. Wahrscheinlich liegt eine Axt auf dem Rücksitz.«

Ich drehte mich um, was wegen des Sicherheitsgurts etwas schwierig war. Es lag nichts auf dem Rücksitz und auch nichts auf dem Boden, außer zwei Coladosen, einer Flasche Wasser und einer eingerissenen Landkarte von White Sands.

»Nichts«, sagte ich und rieb mir den Nacken. Wir fuhren weiter. Es war jetzt ziemlich dunkel. Die Nacht hatte sich über New Mexico gesenkt.

Vom Armaturenbrett ging ein schwaches Leuchten aus. Die Benzinanzeige stand auf fast voll.

»Na ja«, sagte ich. »In einer Hinsicht waren wir ihm nützlich. Zumindest haben wir ihn aus der Gegend weggebracht, in der man keine Anhalter mitnehmen soll. Dafür sollte er uns schon dankbar sein.« Das sagte ich, aber als ich mir vorstellte, wie er aus der Toilette kam und sich vor der Tankstelle umsah, wusste ich, dass Dankbarkeit nicht das Erste sein würde, was ihm in den Sinn käme. Jede Menge anderer Autos waren wohl angekommen und abgefahren, aber tief in seinem Inneren musste er gewusst haben, dass das Auto, das er sehen wollte und von dem er hoffte, dass es noch da wäre, längst fort war. Ich konnte mir vorstellen, wie es ihm ging, und ich war froh, dass ich nicht er war und diese Gefühle hatte, und ich war auch froh, dass wir wieder allein waren, dass wir sicher in unserem Auto saßen, verheiratet, und auf El Paso zurasten.

2 Min.

DAS WEIBLICHE PRINZIP (Auszug)

Meg Wolitzer

Greer Kadetsky lernte Faith Frank im Oktober 2006 am Ryland College kennen. Faith war gekommen, um die *Edmund and Wilhelmina Ryland Memorial Lecture* zu halten, und obwohl die Kapelle an jenem Abend mit Studenten gut gefüllt war, von denen manche vor Fragen nur so übersprudelten, war Greer die Einzige, an der Faith ein Interesse zeigte. Diese Tatsache war ebenso eindeutig wie erstaunlich, denn Greer, eine Studienanfängerin an dieser Durchschnittshochschule, war in mehrfacher Hinsicht verbissen schüchtern. Sie konnte Antworten geben, hatte aber ein Problem damit, Meinungen zu äußern. »Eigentlich verrückt, denn ich platze vor Meinungen. Ich bin wie eine mit Meinungen vollgestopfte Piñata«, hatte sie zu Cory gesagt, mit dem sie an jedem Abend skypte, seitdem sie das Studium getrennt hatte. Sie hatte von Anfang an Wissen und Bücher in sich aufgesogen, aber das Talent, frei von der Leber weg zu reden, war ihr nicht gegeben. In der Zeit vor dem College war das nicht weiter ins Gewicht gefallen, nun aber machte es sich bemerkbar.

Was also war es, das Faith Frank in ihr sah und an ihr mochte? Vielleicht eine latente Kühnheit, angedeutet durch die eisblaue Strähne, die sich auf einer Seite durch ihre nussbraunen Haare zog, dachte Greer. Andererseits ließen sich viele Studentinnen Strähnchen in den Bonbonfarben der Zuckerwatte und der eiskalten Leckereien färben, wie man sie auf einem ländlichen Rummel bekam. Vielleicht hatte die dreiundsechzigjährige, einflussreiche und durchaus berühmte Faith, die seit Jahrzehnten durch das Land reiste und flammende Vorträge über die Situation der Frauen hielt, auch Mitleid mit der sprachlosen, knallroten achtzehnjährigen Greer. Eine dritte Erklärung lautete, dass Faith automatisch offen und zugewandt war, wenn sie jungen Menschen begegnete, die sich an der Welt rieben.

Unterm Strich konnte sich Greer das Interesse von Faith nicht schlüssig erklären. Aber sie begriff irgendwann, dass die Begegnung mit Faith Frank der aufregende Anfang von allem gewesen war. Das bittere Ende lag noch in sehr weiter Ferne.

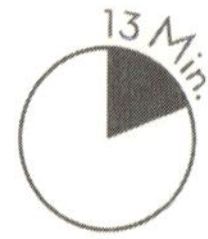

DIE FEUERSCHLUCKERIN

Martin Kluger

Es ist spät, und ich werde dir von deiner Mutter erzählen.

Deine Mutter verließ viele Länder. Sie war die letzte große Länderverlasserin.

Denk dir einen Wintersonntag vor sehr langer Zeit. Borsig baute die ersten Eisenbahnen, die Schneemänner trugen Zylinderhüte. Die Gaslaternen, unbewohnte Glashäuschen, glommen gelb auf. Zähneknirschend auf knirschendem Schnee suchten die jungen Männer die jungen Mädchen in den leeren Straßen. Die jungen Mädchen waren nicht zu finden in den Straßen, sondern saßen in den Stuben und lasen Romane in Fortsetzungen. Der Geheimrat und seine Frau, ein undramatisches Paar ohne Sinn für die Dramen in den Straßen und den Stuben, die eigene Tochter daheim auf Samtkissen im Erker in der Lesenische wissend, fuhren in einer Pferdekutsche durch den Schwarzen Grund. Keine Worte in der Schneestille. Keine weiteren Kutschen. Keine Menschenseelen. Keine Krähen.

Bis auf eine.

Diese eine Krähe, erschöpft von den Überresten des Weihnachtsfestes, fiel von einem kahlen Ast vor die Pferde, die scheuten. Die Krähe krächzte und starb. Die Pferde stiegen hoch, die Kufen brachen, die Kutsche kippte, der Geheimrat und seine Frau trudelten einen Abhang hinunter, den die schlittenfahrende Kindheit den »Idiotenhügel« nannte, und brachen sich gemeinsam das Genick am einzigen Gatter weit und breit.

Das waren die Großeltern deiner Mutter. Gewesen.

Die Mutter deiner Mutter entwickelte einen merkwürdigen Sinn für Humor. Zum Beispiel studierte sie ihre eigene Religion lächelnd allein zu Haus, sah nie einen Hörsaal von innen und verlieh sich selbst den Doktortitel nach der Niederschrift ihrer Abhandlung über die schöpferische Selbstoffenbarung des Absoluten in den neun wundervoll glänzenden Lichtern der Sephiroth. Die zwei verbliebenen Hausmädchen knicksten kichernd, die Zeremonie fand in der Küche statt, die so geräumig war, dass die Mutter deiner Mutter nebst Hausmädchen nächtelang darin Rollschuh lief.

Sie verliebte sich sodann in einen glücklosen, zähneknirschenden Kartenspieler ohne Lachen, der sie arm machte und nicht heiratete und an einem Hühnerbein erstickte, noch bevor deine Mutter geboren wurde.

»Immerhin hab ich ihn ein paarmal in seinem Leben zum Lachen gebracht«, erzählte die Mutter deiner Mutter in dem Spielzeuggeschäft, wo sie, hochschwanger, den Frauen der Rabbiner harmlose Scherzartikel verkaufte, aufziehbare Blechfrösche zum Beispiel, die springen konnten und Freude brachten bei Tisch. »Er lachte, wenn ich Pyramiden und Pagoden ferner Länder aus Streichhölzern baute«, erzählte sie.

Deine Mutter tauchte auf in der Welt unter der Ladentheke des Spielzeuggeschäfts, viel zu früh und viel zu schnell, eine Überraschung kurz vor Ladenschluss, und das Erste, was sie vermutlich sah, waren aufziehbare Blechfrösche und bunte Buchstaben aus Holz und kleine schwarze Lokomotiven.

Die Mutter deiner Mutter nannte deine Mutter Hannah Liliane Elsa. »Provisorisch«, wie sie sagte.

Namen haben sich als unwirklich erwiesen in der Geschichte.

In dieser Geschichte und in allen, die vorher geschahen.

Ich werde jetzt vorauseilen in der Zeit und dir einen Brief vorlesen von deiner Mutter über ihre Kindheit im Spielzeuggeschäft.

Ich weiß, Zeit ist Angst, Zeit ist Furcht. Aber hab keine Angst. Ich bin hier, und ich bleibe bei dir, die ganze Nacht. Deine Mutter schrieb:

> My dear heart,
> vielleicht tröstet es Dich, wenn ich Dir erzähle. Ich wuchs in einem Spielzeugladen auf. Meine schöne Mutter arbeitete dort als Verkäuferin. Es roch nach Holz und Eisen, Gummi und Elektrik. Ich durfte spielen, womit ich wollte, aber das langweilte mich bald. Also erfanden Mama und ich ein Spiel, dass

ich selbst ein Spielzeug sei, und zwar eine Holzpuppe, die ganz oben auf dem Regal saß. Unbedingt aus Holz wollte ich sein, ich weiß noch, nicht aus Ton oder Porzellan. Da saß ich nun, so steif und starr ich konnte, und hoffte, irgendein Mensch würde mich kaufen und einpacken lassen von Mama. Erst dann würde ich lachen und herausplatzen aus dem Paket. Aber kein Kunde spielte mit. Viele wurden sogar böse und befahlen mir herunterzusteigen vom Regal. Denen spuckte ich heimlich auf die Köpfe. So einfach war das. So einfach ist das immer noch.

Es war Nacht, aber nicht Nebel, als die Söhne der zähneknirschenden Männer mit einem Lastwagen kamen, auf den sie luden: den Besitzer des Spielzeuggeschäfts und seine Frau und ihre drei Kinder, die Großmutter und die Mutter der Frau des Besitzers, den Onkel des Besitzers und die Mutter deiner Mutter, die sich ein einziges Mal umdrehte und hinauflächelte, unmerklich unmerklich, zum höchsten Bord des Regals, wo die Holzpuppe saß, die deine Mutter war.

So einfach ist das, sagte dieses Lächeln.

Ich glaube, sie war lange Zeit eine Holzpuppe, Monate vielleicht, ein Jahr vielleicht, gemessen in Tagen, Nächten, Stunden, Minuten, Sekunden.

Eine menschliche Uhr aus Holz.

Sechs Jahre alt.

Ihr erstes Kunststück.

England, London, Muswell Hill, Muswell Hill Broadway.

Nun, jenseits jener Heimat, die uns heimatloser machte, als wir je zuvor gewesen waren, wollen wir wenigstens die anderen Länder beim Namen nennen. Ewig schon schien ich in England zu leben, wohin mich meine wohlhabende Familie zum Studium der Medizin geschickt hatte, eine privilegierte Verpuppung, die mir das Leben rettete, als Einziger meiner Leute. Ich sage »Leute«, weil ich damals, nach dem Krieg, nur so an sie denken konnte in England. Meine toten Leute, dachte ich in London. Hätte ich gedacht: mein toter Vater, meine tote Mutter, ich hätte mich auf der Stelle erschossen. Die Sprache wird, besonders von Dichtern, oft überschätzt. Sie ist vor allem ein Pflasterdoktor. Jede gute Ärztin weiß das. War ich eine gute Ärztin? Ja und nein. Ja, denn ich wollte die Menschheit heilen, ich weiß nicht mehr, wovon. Nein, denn ich praktizierte nicht. Ich schrieb Gedichte. Und keine guten. Ich schrieb, unter männlichem Nom de Plume, pornografische Geschichten, die sämtlichst im achtzehnten Jahrhundert spielten. Damals meinte ich, ich schrieb diese Geschichten, um die Miete bezahlen zu können. Ich schrieb sie in der Subway, Inner Circle Line, zwischen fünf und sechs Uhr morgens, denn der frühmorgendliche Untergang des Abendlandes in der Subway nahm mir alle Hemmungen. So eine also war ich, verpuppte Heilerin, die nicht heilte, stolz noch immer auf abendländische Werte, meine Ermordeten als »meine Leute« verleugnend wie Truppenteile, während ich im Untergrundtunnel in ratternden Zügen Frauen und Männern Sätze unterschob wie diese:

›Why, Sir Wolf, shall I then suck your fresh manhood and have done with it?‹ – ›Zounds, you saucy wench, did cocksmen ever suffer so!‹

Das war, bevor ich deine Mutter traf, als Bär verkleidet, auf dem Marktplatz von Muswell Hill.

Eine genehmigte Gruppe irischer Gaukler, denn alle Gaukler waren Iren, erfreute die Witwen und Krüppel von Muswell Hill mit ihren Darbietungen. Ich werde dir ein paar Namen nennen. Sie sind mir alle unvergesslich, so unwirklich sie auch waren.

Clinton Binion, der Jongleur!
Cash Murphy, der Eisenmann!
Suniva Doyle, die Seiltänzerin!

Und dann das Tier, das namenlose, der kleine Bär, der plötzlich in die Mitte sprang und Feuer spie. Die Zuschauer lachten, aber sie wichen zurück. Zweimal spie der kleine Bär Feuer, hustete hell unter dem Fell und begann zu tanzen, aber nicht wie ein Zirkustanzbär, sondern wie ein nie gesehener, nie da gewesener, unverwechselbar weiblicher, mit Wonne dem Wahnsinn anheimgefallener Vogel. Flügelschlag und Schweben, Tauchstoß und Stelzgang, Eulenkopf und Eisente, Geierhals und Tukanspreiz, all dies vermochte die Magnifizenz der Bewegung unter dem lächerlichen Bärenfell in den Raum zwischen Erdboden und Himmel zu malen. Die Zuschauer wichen weiter zurück. Ich aber trat näher, und ich sah zwei aufschimmernde dunkle Augen im starr aufgerissenen dunklen Bärenmaul, und ich erinnere mich, dass ich dachte: Sie weint ja.

»Du weinst ja«, sagte ich in meiner, ihrer, unserer Muttersprache.

Sie zerrte den Bärenkopf von ihrem Kopf, und ich erkannte sie sofort für alle Zeit, und die Zeit war nicht länger Angst, nicht länger Furcht, weil ich sie liebte.

Ich werde jetzt versuchen, deine Mutter zu beschreiben, Himmel! Sieh mich dabei an, denn wir ähnelten einander sehr. Sie war damals vielleicht vierundzwanzig, von kleiner Springfederstatur, mit starken Wangenknochen, einem runden Gesicht, langen, dunkelspiegelglatten Haaren und einem rollendschleichenden Gang wie eine Indianerin auf einem Kriegspfad, der nie endet. Sie hätte mit diesem Gang auf allem, was je Segel setzte, zwölfmal den Äquator umrundet haben können. Ihre braunen Augen, keine lachenden Augen, selbst wenn der Rest ihres Gesichts lachte, wirkten nur auf den ersten Blick wie Kullerkirschen. Sie waren Tunnelöffnungen, ihre Augen, und sie zogen einen hinein in prähistorische Traurigkeiten. Sie machte verschiedene Münder, mal breit, mal schmal, das kam von ihrem Beruf, der ihre Zähne bisher verschont zu haben schien, denn ihre Zähne sahen aus, als wären sie nie erwachsen geworden, zwei Reihen makelloser Monumente von Milchzähnen. Ihre Stimme war hell, belegt zuweilen, und oft, wenn sie etwas sagte, was es zu bedenken galt oder was sie gar nicht sagen wollte, schluckte sie Luft, sie schluckte schwer. Ihre Hände waren ihre Hände. Mich an ihre Hände erinnern zu wollen wäre zu schmerzhaft.

Einmal, in einem anderen Land, schrieb ich ein Gedicht für sie, ich schrieb es ihr buchstäblich auf den Leib. Sie schaute an sich hinab und sagte: »Das bin ich nicht.« Erst später begriff ich, warum sie oft vorgab, nicht zu wissen, wer sie sei. Sie wusste zu gut, wer sie war.

Deine Mutter war unter anderem, und vielleicht mehr als alles andere, Feuerschluckerin, eine der besten, die es je gab. So tauchte sie in England auf und in vielen Ländern, die uns noch erwarteten.

Am Markttag von Muswell Hill, als ich sie zum ersten Mal sah, verschwand sie im Planwagen der irischen Gaukler und kehrte kurz darauf zurück im Kostüm einer Meerjungfrau. Sie tanzte einen unbeschreiblich unterseeischen, wehmütig wogenden Tanz und begann gleichzeitig, Feuer zu schlucken und zu speien. Die Feuersäulen stiegen von ihrem Kopf in den Himmel, und sie schaute ihnen nach, während ihr Unterleib zuckte, als würde er gevierteilt, sich wand wie ein zerhackter Regenwurm. So gewaltig und gewalttätig war dieses Bild, dass die Zuschauer und auch die irischen Gaukler sich bekreuzigten und Laute hervorstießen, die sie in ihrem ganzen Leben in ihren Seelen nicht gefunden hatten bis zu diesem Augenblick.

Die Sonne ging unter. Der elektrische Kamin in meinem Zimmer ging an. Sie lachte darüber. Sie sagte: »England.« Dann schluckte sie schwer.

Wir lagen uns in den Armen die liebste längste Nacht, wir feierten einander, wir waren begabt und frei wie der Wind, König Salomon wäre so stolz auf uns gewesen.

Ich wollte alles über sie wissen, meine Geliebte seit Zeitenanfang, doch sie brachte es fertig, dass ich nur von mir erzählte.

Mich, die Heilerin, heilte sie. Dear heart, you mended me on Muswell Hill.

»Meine Großeltern starben gemeinsam gleichzeitig«, sagte sie im Planwagen auf dem Weg nach Dorset, »sie brachen sich zusammen das Genick. Ist das nicht komisch?«

»Traurig ist das«, sagte ich.

»Nein, komisch. Und würdevoll.«

Es war die einzige Einzelheit, die mir deine Mutter in vielen Jahren aus ihrer Vergangenheit anvertraute. Wie oft ich sie auch nach ihrer Kindheit und dem Unsäglichen der alten Heimat fragte, sie antwortete immer dasselbe: »Ach wir. Wir tragen unsere Heimat mit uns herum wie einen Ascheimer, der aber leer ist und den wir überall abstellen, wo wir gerade sind.«

England musste verlassen werden. »Je kleiner die Insel, desto größer die Paranoia«, sagte sie und schluckte. Nein, es war weder Wanderlust noch blinde Vorwärtsflucht vor der Einsamkeit, die deine Mutter umgab wie der Wolkenring den kleinen Gipfel.

Auch in meinen Armen.

Auch, viel später, in den Armen deines Vaters Ramón.

Die Luft, sagte sie, sei überall in anderer Bewegung durch das Feuer und Leben sei nun einmal Bewegung.

Wir zogen durch Mitteleuropa, fein säuberlich die Heimat umrundend, die angeblich wiederaufgebaut war, aus der wir aber nur eine unheimliche Stille vernahmen, als seien den Menschen dort die Zungen herausgeschnitten oder die Gehirne entnommen worden. Es mochte sein, dass man dort zur Abwechslung mit sich selbst experimentierte. Längst trat deine Mutter alleine auf. Sie bevorzugte Felder vor den Städten, hohe Klippen am südlichen Meer, mittelgroße Berge. Längst tanzte sie nicht mehr.

Die Feuersäulen, die ihrem Mund entstiegen, wurden höher und höher. Ich stand inmitten der Zuschauermenge und hatte Angst. Nicht um deine Mutter, die ihr Handwerk beherrschte wie keine Zweite. Der Anblick der Feuersäulen machte mir Angst. Diese Feuersäulen sahen aus, als könnten sie Ortschaften, Städte, ganze Länder in Schutt und Asche legen.

Auch die Geschwindigkeit, mit der wir die Länder verließen, beunruhigte mich.

»Sind wir Verbrecher?«, fragte ich.

»Ja«, sagte sie.

Noch liebten wir uns, wie nur Verbrecher einander lieben können. Wir salbten unsere Körper mit Essenzen, die nur wir kannten, weil wir sie erfunden hatten. Ich pinselte ihren Rachen mit meiner Zunge, nachdem ich meine Zunge in einen Balsam getunkt hatte. Ihr Rachen schmeckte nicht verbrannt, sondern süß, nach frisch geschältem Holz.

Und die Zeit, die Angst, die Furcht nahm wieder Gestalt an, sie schlüpfte in die Schönheit junger Mädchen, die deiner Mutter Augen machten.

Immer auf dem Kriegspfad, der nie endete, und sicher noch auf höchster See, wildester Schaumkrone, ging sie zu den jungen Mädchen, und ich blieb in unserem Zelt und sprach mit den Töpfen und Tiegeln. Aber sie blieb mir teuer, und wir blieben uns gut.

Irgendwo in Afrika. Vögel in hohen Bäumen kamen durch die Feuersäule deiner Mutter zu Tode. Afrika verlassen.

Nordamerika war ihr zu groß, zu geräumig und zu hell für das Feuerschlucken und Feuerspeien. Verlassen nach wenigen Tagen.

Wieder endeten wir auf einer Insel, auf Kuba.

Dort geschah Schreckliches, o pale Ramón.

Wir schlugen unser Zelt auf, in dem deine Mutter tagelang in katatonischer Starre verharrte. Sie wollte das Zelt nicht verlassen.

Tagelang wartete die wachsende Zuschauermenge. Sie schickten einen Gesandten in unser Zelt, den Mann, der dein Vater wurde. Er hieß Ramón Fernandez, aber vielleicht hieß er auch anders. Er schnitzte Schafe und Rinder und Kinder aus Holz und verkaufte sie auf den Märkten.

Deine Mutter erwachte aus ihrer Starre. Sie absolvierte viele Vorstellungen, bis die Menschen sich sattgesehen hatten an den Feuersäulen.

Die Sonne ging unter. Deine Mutter bat mich zu singen, ein altes Lied aus der Heimat. Ich sang nur widerwillig. Sie begann, für Ramón zu tanzen. Jahrelang hatte ich sie angefleht, für mich zu tanzen, heimlich hinter den Hecken oder nachts in unserem Zelt.

»Ich weiß nicht, was du willst«, sagte sie, bis ich es nicht mehr hören konnte und mein Flehen einstellte. »Ich habe nie getanzt, nie tanzen können.«

Jetzt tanzte sie für Ramón, einen tumben Holzschnitzer. Sie tanzte langsam, eckig, wie eine Marionette. Ramón schnitzte sie damals und dort, unbeholfen, grob, eckig, unschön. Aber deine Mutter riss ihm die Holzpuppe aus der Hand und rief: »Schau nur, das bin ich!« Als habe Michelangelo sie soeben in Stein gehauen, so ekstatisch verschlang sie die Schnitzerei mit ihren Augen und liebkoste sie und wollte sich nicht mehr von ihr trennen.

Am nächsten Morgen war sie fort.

Sie sei mit Ramón in die Berge gegangen, hieß es.

Ich wartete ein Jahr in unserem Zelt. Ich litt und lebte weiter. Ich übte Feuerschlucken, aber es wollte mir nicht gelingen. Nicht wie ihr. Nicht größer als die Seifenblasen eines Asthmatikers waren meine Feuerstöße. Ein Berittener brachte einen Brief, du hast ihn eben gehört, die Sonne ging unter, die ganze Insel roch nach frisch geschältem Holz.

Sie kehrte zurück und brachte dich mit. Dein Name war Hannah Liliane Elsa. Wir nannten dich Lily.

Lange brauchte ich, viel Angst kostete es und Furcht, deine Mutter für immer zu verlieren an dich, bis ich sie fragte, was aus Ramón Fernandez geworden sei, dem Vater ihrer Tochter.

»Er hat mich vom Regal genommen«, sagte sie und schluckte schwer. »Er hat mich einpacken lassen von Mama und wieder auspacken lassen, und wir haben viel gelacht zusammen.«

In dieser Nacht lagst du eng an uns beide gepresst, glücklich am Beginn deines Lebens, und stundenlang hörten wir dein sattes Schmatzen, bis du einschliefst.

Dann weinte deine Mutter, wie damals unter dem Bärenfell auf dem Marktplatz von Muswell Hill. Und in einer Träne, einer einzelnen, die ihr Auge nicht verlassen wollte, sah ich den Eingang zum Tunnel und dann das Tor und die Gleise und die schwarze Eisenbahn und die Kinder und das kleine Mädchen, das darauf bestand, darauf beharrte, unermüdlich, bis zur sabbernden Sinnlosigkeit, eine Puppe aus Holz zu sein.

Ich nahm deine Mutter in meine Arme und sagte ihr, und meinte jedes Wort, wie ich es sagte, dass ich sie liebte, ganz gleich, aus welchem Material sie sei, aus Fleisch oder Holz oder Venusgestein.

»Keine Liebe ist so hoch wie die Feuer, die ich gesehen habe«, sagte sie. Ihre Augen glänzten jetzt wie die eines Spielzeugs, eines Teddybären, einer Puppe.

»O doch. Meine Liebe ist so hoch«, sagte ich müde.

»Keine Liebe ist so hoch wie die Feuer, die ich gesehen und geschluckt habe«, sagte sie. Dann schlief sie ein.

Ich ließ sie schlafen, wie ich sie alles tun ließ, was sie tun wollte, tun musste. Sie wusste zu gut, wer sie war.

Wo du gewesen bist, meine Feuerschluckerin, stand die Angst still. Jeden Tag, jede Nacht, jede Stunde, jede Minute, jede Sekunde. Jeden Augenblick. Der Rest ist die Geschichte.

Aber ich, war ich eine gute Heilerin geworden in der kleinen Zeit, als meine Liebe mich liebte? Ja, denn ich heilte einige Menschen, nachdem deine Mutter uns beide verlassen hatte, ohne Angabe des Landes, das sie erwartete, allein. Nein, denn ich konnte sie nicht heilen, die ich liebte.

Man fand Ramóns Überreste in den Bergen, ein paar verwitterte Knochen und ein Häuflein Asche in einer Grube, in der der Spaten hoch steckte. O pale Ramón.

Du und ich, groß und klein, die wir einander so ähnlich sehen, verließen die Insel.

Ich wurde süchtig nach Zeitungslektüre. Die Sängerin Elizabeth Cassin, ein Duplikat deiner Mutter, gesehen in *Paris Match*. Die Tänzerin Orly Shalev, eine Doppelgängerin, gesehen in der *Jerusalem Post*. Die Trapezartistin Maud Stuart, eine Zwillingsschwester aus Wicklow County, gesehen in der *Irish Times*. Die Regisseurin Letitia Weintraub, eine mögliche Verwandte, gesehen in *El Pais*. Der Feuerschlucker Kim La-Rue aus Las Vegas, deine Mutter in Männerkleidung? Gesehen in *Newsweek*. Du hast mich gefragt, was Liebe sei. Von einem Augenblick zum anderen: Neubevölkerung der ganzen Welt. Wir lieben in anderen Formen, anderen Gestalten den Menschen weiter, den wir immer schon liebten. Nichts geht verloren, wir singen nur ein Lied.

Und die Spaziergängerinnen im Schwarzen Grund. Jeden Tag sehe ich sie, neu gewandet, die Großeltern deiner Mutter. Komisch und würdevoll. Und abends schleiche ich ganz dicht an die Häuser und spähe in die Erker, wo die Mutter deiner Mutter immer weiterliest und auf die Fortsetzung der Geschichte hofft oder in der Küche Rollschuh läuft, nachdenkend über die neun wundervoll glänzenden Lichter der Sephiroth. Und kein Spielzeugladen, den ich nicht betrete, um meine Liebe zu suchen auf den hohen Regalen. Und kein Bärenkostüm zur Faschingszeit, egal wie armselig, an dem ich mich nicht heimlich reibe. Und kein Feuer, wo auch immer, vor dem ich nicht niederknie.

Es ist spät, und du hast mich gefragt, wer deine Mutter war.
Schlaf gut, sie wurde sehr geliebt.
Sie verließ die Länder, und die Länder blieben leer zurück.

ALS ICH PRAKTIKANTIN IN ISRAEL WAR

4 Min.

Anne Köhler

Eines Morgens fand ich eine Nachricht an meinem Fahrrad, das ich wie immer an die nächste Straßenlaterne gegenüber angeschlossen hatte. Ein Computerausdruck, den jemand bienenfleißig in Folie eingetackert und mit einer Kordel an meinem Lenker befestigt hatte:

An die Besitzerin dieses Fahrrades
Bitte lassen Sie Ihr Fahrrad hier nicht ständig stehen,
wir stellen Ihnen unsere Sachen auch nicht vor die Tür.
Vielen Dank

Ich bekam einen heftigen Anfall von Fernweh. Mein Spiegelbild fiel in eine Pfütze auf der Straße, konturlos und grau sah es aus, dahinter der düstere Himmel. Ich fuhr zum nächsten Flughafen, den Reisepass griffbereit, man konnte ja nie wissen. Ich stellte mich auf die Aussichtsterrasse und sah den Flugzeugen beim Wegfliegen zu. Doch mein Gefühl blieb zentnerschwer mit mir am Boden: Ich war zweiundzwanzig und hatte noch nicht viel gesehen von der Welt.

Kurz vor Weihnachten fiel in einer Politikvorlesung der Hinweis auf ein kleines deutsches Studienzentrum in der Wüstenhauptstadt Beer Sheva in Israel. Schnapsidee, Israel, dachte ich. Die zweite Intifada war im Gange, die Amerikaner warnten vor der Einreise, und in der Wüste wäre es für Wintermenschen wie mich bestimmt viel zu heiß.

Wenige Wochen später saß ich im Flugzeug.

Frankfurt am Main, minus zehn Grad, abheben, dann im Nirgendwo sein, an nichts denken, Wolken anschauen, Musik hören.

Tel Aviv, vierundzwanzig Grad, auf dem Boden der Tatsachen aufschlagen. Viele Fragen beantworten bei der Kontrolle: Wer, wohin, warum, zu wem, wie lange? Eine Telefonkarte kaufen (mit Luftwaffenmotiv), im Büro anrufen, auf einen Bus warten – ich kam mir vor wie ein Forschungsreisender.

Im Bus setzte sich ein adretter älterer Herr neben mich. Im Gespräch stellte sich heraus, dass er Herr Hildesheimer hieß. Wir lachten, und ich fühlte mich willkommen.

Ich blieb drei Monate als Praktikantin an dem deutschen Studienzentrum. Mein Chef ließ mir großen Freiraum, er fand, ich sollte mir möglichst viel im Land anschauen. Ja, die Arbeit, die er mir zuteilte, war wichtig und musste gewissenhaft erledigt werden. Aber ich merkte sehr schnell, dass das bei meinem Aufenthalt nicht im Vordergrund stand, dass es nicht das war, was mir später davon bleiben würde. Die Hauptsache war nicht, Lektorieren, Korrekturlesen und Recherchieren zu trainieren oder den Deutschkurs zu unterstützen. Es ging nicht um praktische Fertigkeiten, sondern um etwas viel Grundlegenderes, Umfassenderes, Persönlicheres.

Zwei Tage nach meiner Ankunft starben drei Menschen bei einer Bombenexplosion in Netanya, es gab neunzig Verletzte. Solche Nachrichten hörte ich regelmäßig. Mal wurde mir von Kollegen empfohlen, nicht mit dem Bus zu fahren, ein anderes Mal, bestimmte Städte zu meiden. Ich sah Mädchen und Jungen, jünger als ich, die neben Rucksäcken mit Micky-Maus-Anhängern ihre Maschinengewehre trugen. Ich lernte, Atmosphären zu unterscheiden, Waffen mit eingelegten Magazinen zu erkennen und als Warnsignal zu verstehen, ließ meine Taschen vor dem Betreten öffentlicher Gebäude automatisch durchsuchen. Die kleinen Einschränkungen und Verhaltensweisen gehörten schon bald zu meinem Alltag und befremdeten mich kaum noch.

Es ist unmöglich, das alles zusammenzufassen. Deshalb einige Blitzlichter:

Ich sitze in der Wüste in einem Beduinenzelt, davor Kamele im Feuerschein. Es gibt Tee, Lamm und Rosinen-Mandel-Reis, Kamelmilch in Tonschalen und Cola in Plastikflaschen. Draußen auf dem Hügel steht ein Klohäuschen.

Ich stehe pünktlich zur blauen Stunde auf dem Dach des Österreichischen Hospizes und blicke über die Dächer und das Antennenmeer der Jerusalemer Altstadt. Der Gesang eines Muezzins bringt die Luft zum Vibrieren. Es scheint friedlich.

Bei einer Wanderung durch die Wüste höre ich, vielleicht zum ersten Mal in meinem Leben, die absolute Stille.

Ich laufe durch den arabischen Teil der Jerusalemer Altstadt, in der eigentlich Marktgeschrei und Tohuwabohu herrschen sollten. Die Läden sind verrammelt, flirrende Mittagshitze, die Gassen menschenleer. Bis auf ein kleines Kind, das auf mich zukommt, die Hand hebt und mich mit einem Plastikpfeil erschießt.

Ich sitze im Büro und muss ein Manuskript über den Holocaust von alter in neue Rechtschreibung umarbeiten. Immerzu streiche ich ein »ß« und ersetze es am Rand durch ein »ss«, das »ss« hämmert sich in meinen Kopf, und ich spüre viel Last auf den Schultern.

Am Holocaust-Gedenktag gehen die Sirenen los, und die ganze Welt steht eine Minute lang still: Autos halten mitten auf der Straße an, die Leute steigen aus, stehen gesenkten Blickes und schweigen. Später am Uni-Tor bekomme ich einen Aufkleber mit Davidstern. Alle tragen ihn gut sichtbar auf der Herz-Seite. Ich halte ihn lange in der Hand.

Kurz vor meiner Abreise sprach ich mit einem Studenten aus dem Deutschkurs. Er hatte die Nachricht bekommen, dass er im folgenden Monat seinen Militärdienst antreten müsse. Für ihn bedeutete das, sein Studium für drei Jahre zu unterbrechen.

Wenn mich heute jemand fragt, was ich bei diesem Praktikum gelernt habe, finde ich darauf keine kompakte Antwort. War ich vorher davon ausgegangen, dass ich die Fremdheit eines anderen Landes kennenlernen würde, hatte ich den Rückkopplungseffekt vergessen. Das Empfinden für meine eigene Situation hatte sich verändert.

Wahrscheinlich wäre ich am Flughafen in Tel Aviv bei dem Gedanken abzufliegen, eigentlich traurig oder wehmütig gewesen. Dazu blieb jedoch keine Gelegenheit. Eineinhalb Stunden lang schaute ich zu, wie ein Soldat mit Plastikhandschuhen mein komplettes Gepäck durchwühlte, während mir ein anderer tausend Fragen zu meinem Aufenthalt stellte. Nicht einmal vor meinem Notizbuch machten sie halt.

Ich war eher zufällig in Israel gelandet, ein Auslöser war die Pedanterie meiner Nachbarn gewesen. Ich hatte mir die Zeit weniger aufwühlend vorgestellt. Oder vielleicht hatte ich mir gar nichts konkret vorgestellt, sondern hatte mich einfach in die Situation hineintreiben lassen.

Vermutlich sind die Erfahrungen am eindringlichsten, die uns mit Schwierigkeiten konfrontieren, uns an Grenzen stoßen lassen. Und ich war an Grenzen gestoßen. In Israel selbst war ich mir dessen nicht permanent bewusst. Aber als ich nach drei Monaten am Flughafen Hannover landete, fühlte sich der Boden unter den Füßen fester an. Stück für Stück verschwand während der Autofahrt nach Hildesheim eine Anspannung, an die ich mich längst gewöhnt hatte. Als wir das Ortsschild passierten, war ich federleicht, darüber musste ich lächeln. Dass mein Gepäck nicht mitgekommen war, fand ich gar nicht so schlimm.

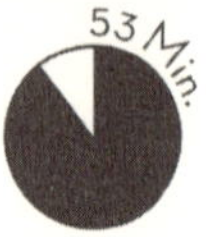

HIOB

John von Düffel

Es war immer das Erste, was er machte nach einer langen Fahrt. Sobald er das Gepäck ausgeladen hatte, schnürte er seine Joggingschuhe und lief los. Seine Frau fragte schon seit Jahren nicht mehr, ob er nicht müde oder hungrig sei, und sein Sohn Benny war gerade erst sieben, hatte Beckenschiefstand und ein zu kurzes Bein. Also lief er allein. Er nahm nur einen Stock mit wie immer, um sich der Hunde zu erwehren.

Ihre Feindschaft reichte weiter zurück als seine Erinnerung. Schon bei seinen ersten Gehversuchen war er von dem sonst friedliebenden Rauhaardackel seines Onkels gebissen worden. Aus irgendeinem Grund meinten alle Hunde, denen er über den Weg lief, er laufe vor ihnen weg. »Schlechtes Gewissen«, hatte er als Kind immer wieder zu hören bekommen, »Hunde wittern ein schlechtes Gewissen.« Doch er war sich keiner Schuld bewusst. Er empfand nur eine sehr begreifliche Angst vor dem nächsten Biss, und diese Angst hatte er offenbar an seinen Sohn vererbt. Sie beide hassten Hunde, und die Hunde hassten sie, auch wenn Benny natürlich nicht so schnell laufen konnte.

Es ging ein bisschen hügelan. Die Ferienanlage mit ihren Blockhütten und Holzhäusern erstreckte sich über das Tal bis zum Ufer eines kleinen Sees, ringsum ein paar vereinzelte Gehöfte zwischen weiten Ackerflächen. Das nächste Dorf lag drei Kilometer entfernt. Er lief die Straße hinauf, die er vor einer halben Stunde hinuntergefahren war. Beim Blick aus dem Seitenfenster hatte er einen Feldweg entdeckt, der zwischen Äckern und Wiesen hindurch zu einem Wald führte. Davon versprach er sich Schatten und Feuchtigkeit. Es war ein heißer Sommertag, einer der heißesten des Jahres, hatten sie im Autoradio gesagt. Über den Feldern flirrte die Luft. Es roch nach Heu.

Die Fahrt saß ihm noch in den Knochen, seine Gelenke waren steif vom langen Sitzen. Doch er hatte seine Dehnübungen weggelassen, dieses Eingeständnis, dass auch er nicht mehr der Jüngste war und Vorbereitungen benötigte, für die er früher nur Verachtung übriggehabt hatte. Er mochte es nicht, wenn seine Familie ihm dabei zusah, seine Frau mit ihrem kritischen Blick für alles Gymnastische und Benny mit seinen immer verwunderten, leicht erschrockenen Augen. Er wollte ein Vorbild für ihn abgeben, ein Beispiel dafür, dass man durch jeden Schmerz und Widerstand hindurchlaufen konnte. Benny war das einzige Kind auf der Schule, das noch zum Klassenraum getragen wurde und sich nicht lösen konnte, manchmal bis zum zweiten Klingeln nicht. Wenn der Kleine dann endlich zu seinem Platz in der vorletzten Reihe hinkte, schaute er sich nie um und sagte auch nicht Auf Wiedersehen. So ging das schon ein ganzes Jahr. Jetzt waren Ferien, Bennys erste Sommerferien.

Der Feldweg war holprig, die vielen Schlaglöcher teils aufgefüllt mit bauschuttartigen Steinen, die sich verschoben unter seinem Tritt. Immer wieder kam er ins Schlingern und musste sich fangen. Er spürte ein Zwicken in der Wade und im hinteren Oberschenkel, doch damit kannte er sich aus und hoffte auf den Waldboden, auf federnde, wurzelfreie Pfade. Neben ihm, hangaufwärts, brannte ein frisch gepflügter Acker im Licht. Das mächtige, in Schollen aufgeworfene Erdreich erstreckte sich bis hinauf zu der langen, leicht geschwungenen Kammlinie am Horizont. Mit seinem Blick folgte er dem Furchenmuster gleichmäßig gepflügter Bahnen, die sich um einen Strommast wanden, der auf einer Insel aus strohigen Feldblumen und Grasbatzen stand. Die schweren, durchhängenden Hochspannungsleitungen summten unter der Sonne.

Er nahm die restliche Steigung in großen Schritten. Der Schmerz war nur noch eine leise Warnung, die er belächelte. Er war kein Kranker, dem es besser ging als vielen anderen Kranken, er war ein Gesunder mit Wehwehchen. Doch diese Gewissheit, an die er sich hielt, war auch eine traurige. Sie trennte ihn von Benny.

Niemand hätte ihm deutlicher zeigen können als sein Sohn, dass ein Kranker die Sprache der Gesunden nicht verstand. Seine ganzen Ermutigungen und Aufmunterungen mussten sich in Bennys Ohren wie gelogen anhören. Denn die kleinen Fortschritte, die einem Gesunden leicht und machbar erschienen, waren ein Ding der Unmöglichkeit, wenn man nicht in einer Welt des Handelns lebte, sondern in der des Erleidens wie sein Sohn und immer mehr auch seine Frau. Gesunde und Kranke konnten einander nicht verstehen, so wenig wie Unsterbliche und Sterbliche einander verstanden. Sie lebten nicht dasselbe Leben, weil ein anderer Tod sie umgab, ein Gefühl der Gefährdung, von der er als Gesunder zwar wusste, doch nur wie vom Hörensagen. Benny dagegen wusste es zutiefst. Der Wald kam näher. Er war noch fünfhundert Meter entfernt.

Inzwischen hatte er die Hügelkuppe erreicht, den höchsten Punkt dieser Gegend, und schaute zurück auf die Ferienanlage in der vagen Hoffnung, das Holzhäuschen entdecken zu können, das er gerade mit Frau und Kind bezogen hatte. Doch er sah nur ein paar schiefergraue Dächer zwischen Kastanienbaumkronen und Birnbaumspitzen. Die meisten Blockhütten duckten sich in die Talsenke um den See, der träge in der Sonne lag, von Mückenschwärmen und Wollgras wie verschleiert. Hier und da ragte aus dem Buschwerk ein Steg ins Wasser, Boote und Kanus ruhten am Schilfrand, unbemannt und menschenleer. Die gesamte Wasserlandschaft war von einer seltsam beglückenden Ausgestorbenheit und schien verwaist bis zu den fernen Pappelreihen, die eine größere Straße säumten, von der windähnliches Rauschen und Reifensingen zu hören war. Sonst bewegte sich nichts. Er hoffte sehr, dass Benny in dieser Ruhe und Abgeschiedenheit seine Angst verlieren würde vor der Schule und vor allem anderen – diese Angst, die in der Sprache der Gesunden Lebensangst hieß, die aber in Wirklichkeit eine Angst vor dem Tod war. Irgendwo bellte tatsächlich ein Hund.

Er packte den Stock fester und schlug ein paarmal zur Probe vor sich durch die Luft. Es war gutes Holz, kein Windbruch, nicht sonderlich lang, aber hart, befand er und ballte die Faust um diesen Knüppel, den er mitgenommen hatte zu seiner Verteidigung und der jetzt seine Waffe war. Von nun an wollte er kein Gejagter mehr sein, sondern Jäger. Er jagte diesen Hund, wie er alles jagen würde, was Benny Angst machte. Es fühlte sich an wie etwas, das er längst hätte tun sollen. So lief er in den Wald.

Was aus der Ferne gewirkt hatte wie eine grünschwarze Schattenmasse, erwies sich schon nach wenigen Metern als ordentlicher Forst. In geraden Reihen standen die Tannen und Fichten, in immer gleichen Abständen. Der Boden war mit Nadeln bedeckt wie mit einem braunen, ausgeblichenen Fell, die Luft harzig und sonnendurchsiebt. Von einem Hund oder seinem Herrchen keine Spur. Aber er musste Geduld haben, natürlich, das gehörte zum Jägersein.

Eine Zeit lang hatte er sich ein zweites, ein gesundes Kind gewünscht, obwohl es ihm wie ein Verrat an Benny erschien. Es gab niemanden, dessen Vater er lieber gewesen wäre, und doch kehrte dieser Wunsch immer wieder, gesellte sich zu ihm wie ein Gefährte, wenn er beim Laufen ins Träumen kam auf den langen Strecken. Aber das konnte er sich kaum eingestehen und seiner Frau schon gar nicht. Sie mied dieses Thema, und er mied es auch, ihr zuliebe und aus Liebe zu Benny, für den ein gesundes Geschwisterchen, ein »Spielkamerad« in der Familie eine Heimsuchung gewesen wäre. Also schwiegen sie, und er blieb allein mit seinen Gedanken und der Angst, Benny nicht ein Leben lang beschützen zu können.

Der Waldweg bestand aus einer breiten Schneise, die für Nutzfahrzeuge und Holztransporte geschlagen worden war. Links und rechts stapelten sich entastete Baumleichen, die schon lange auf Abholung zu warten schienen und allmählich verrotteten. Das Hundegebell hob wieder an, doch wie aus großer Entfernung. Es schien aus dem Tal zu kommen, so wie es heraufschallte und verhallte in der Stille zwischen den Baumreihen. Er hatte das Gefühl, immer weiter ins Leere zu laufen, und wollte gerade umkehren, als er eine Weggabelung erblickte. Sogar eine Wetterhütte stand da mit einem Wegweiser Richtung Dorf und einem entgegengesetzten zum See, dem er folgte.

Auf einmal ging es steil hangabwärts. Offenbar war der Hügel höher oder das Tal tiefer als gedacht. Er bremste jetzt im Laufen bei jedem Schritt, was in die Knie ging, aber nicht sehr. Der Wald wurde lichter, zog seine Schattenhand zurück und offenbarte ein Narbengelände: Halden mit einzelnen Baumgerippen, aufgeforstete Abhänge mit Bäumchen so mickrig, als würden sie nie wachsen. Hinter dem spärlicher werdenden Fichtenbestand funkelte es. Das Wasser, das sich nach einer letzten Wegkehre vor ihm ausbreitete, war eine weithin glitzernde Fläche. Er zögerte einen Moment, mitten in der Bewegung – war das noch derselbe See?

Blinzelnd hielt er nach der Pappelreihe Ausschau und horchte auf das Singen der Lkw-Reifen, an das sich sein Gehör so gewöhnt hatte, dass er es kaum noch wahrnahm. Es war der See, nur viel weiter östlich. Der Forstweg teilte sich hier in die Zufahrt zur Umgehungsstraße und einen Trampelpfad, der sich am Ufer entlangschlängelte und ihn zurück zur Ferienanlage führen würde, früher oder später. Wenn ihn sein Orientierungssinn nicht täuschte, kam das Hundegebell von dort.

Der Pfad war schmal, er konnte kaum vom Boden aufschauen. Deswegen sah er das Baumhaus erst, als er schon fast davorstand, ein rechteckiges kleines Häuschen in der Luft, getragen von zwei breiten Seitenästen einer mächtigen Eiche. Es war zu fachmännisch zusammengezimmert, zu durchdacht, um das Werk abenteuerlustiger Jungs zu sein. Vielleicht lebte hier sogar jemand den Sommer über, und möglicherweise, dachte er auf einmal, gehörte der Hund zu dem einsamen Baumhausbewohner, was es nicht gerade leichter machen würde, ihn zu erschlagen. Betreten verboten – Eltern haften für ihre Kinder stand auf einem gelben Baustellenschild, das jemand mitgenommen und an den Stamm der alten Eiche genagelt hatte. Darüber waren einzelne Keile in die rissige Rinde geschlagen, die offenbar als Sprossen dienten.

»Hallo?«, rief er zweimal, dreimal. Er war in Schritttempo verfallen, hatte den Baum umrundet und trabte jetzt auf der Stelle. Keine Antwort. Auch das Hundegebell war verstummt. Am äußersten Ende eines der tragenden Äste hing ein dickes Seil, mit dem man sich ins Wasser schwingen konnte. Doch weder Seil noch See verrieten irgendeine Bewegung.

Er widerstand der Versuchung, hinaufzuklettern und sich dort oben umzusehen. Besser, er kam mit seinem Sohn wieder her. Für einen Moment malte er sich aus, wie sie beide dieses Baumhaus in Besitz nehmen würden. Dann wurde ihm klar, dass er sich einen gesunden Jungen vorstellte, nicht Benny, der keinen Fuß auf diese Sprossen setzen würde. Seltsam enttäuscht lief er weiter.

Nach ein paar Serpentinen um Schilffelder und Sumpfbuchten steuerte der Pfad direkt auf eine massive, etwa zwei

Meter hohe Backsteinmauer zu, die sich zu einem mit Zinnen besetzten Sims verbreiterte. Diese rittergutähnliche Einfriedung der Ferienanlage war ihm schon bei ihrer Ankunft aufgefallen, nur dass sie ihm jetzt, von der anderen Seite aus, nicht mehr so nostalgisch erschien, sondern tatsächlich etwas Wehrhaftes, Abweisendes hatte. Nach seinen Berechnungen musste ihr Häuschen das nächste hinter der Mauer sein. Er spielte mit dem Gedanken hinüberzuklettern, ließ es dann aber. Stattdessen zog er seine Sachen aus, band sie mit seinen Laufschuhen zu einem Bündel zusammen und warf es über die Brüstung. Er behielt nur den Stock, mit dem er sich durch Huflattich und Brennnesseln den Weg zum See freischlug, um die mit einem Stachelgitter verlängerte Absperrung zu umschwimmen. Das Wasser war warm und morastig. Mit seinen Füßen störte er bei jedem Schritt Luftblasen auf, die einen Geruch von Fäulnis und Gärung verbreiteten.

Für den Bogen um das Sperrgitter herum benötigte er nur ein paar Züge. Er brauchte den Stock nicht einmal aus der Hand zu legen und stocherte beim Ausstieg damit vor sich her, um unter Wasser nicht gegen einen Stein oder eine Wurzel zu stoßen. Das Ufer aufseiten der Ferienanlange war steiler, ausgehoben vermutlich oder dank der Arbeit der Gärtner weniger verschlammt. Er musste sich sehr strecken und einen halben Spagat riskieren, um an Land zu kommen. Sein Oberschenkel meldete sich mit einem stechenden Schmerz. Augenblicklich ging er in die Knie und stützte sich auf alle viere, während ihn die krampfende Muskulatur regelrecht lähmte, so kurz vor dem Ziel. Keine drei Meter entfernt im Ufergras lagen seine Kleider. Daneben stand der Hund.

Für einen Moment geschah nichts, der Hund und er starrten sich nur an, Auge in Auge. Vermutlich waren sie beide überrascht. Doch er fürchtete, mit dieser Ruhe würde es vorbei sein, sobald er sich seinem Bündel näherte. Langsam setzte er die Arme vor, kroch im Zeitlupentempo voran, während der Hund treu und wachsam jede seiner Bewegungen verfolgte. Es gelang ihm, das schmerzende Bein nachzuziehen, er kam bis auf anderthalb Meter an seine Kleider heran. Weiter konnte er nicht. Das Hecheln des Hundes, die hängende hellrosa Zunge, die Reißzähne zwischen den nassschwarzen Lefzen – er konnte einfach nicht weiter. Ohne hinzusehen, den Blick gesenkt, versuchte er, das Bündel zu angeln. Doch als er die Hand mit dem Stock hob, bellte der Hund auf einmal los, ihm ins Gesicht. Es war das Bellen, das er bis in den Wald gehört hatte, laut und durchdringend. Er musste sich ducken vor so viel Schall, hielt den Kopf gesenkt und hoffte, dieser Lärm würde vorbeigehen oder der Schmerz in seinem Bein so weit nachlassen, dass er es wagen konnte, aufzustehen und den Hund mit ein paar gezielten Hieben in die Flucht zu schlagen.

»Sie müssen den Stock werfen«, hörte er plötzlich eine Stimme, »werfen Sie einfach den Stock!« Der Mann, der zwischen den Rhododendronbüschen aufgetaucht war, sah ihn freundlich und hilfsbereit an.

»Ist das Ihr Hund?«, keuchte er mühsam hervor und versuchte, seine Nacktheit zu verbergen. Der Hund bellte immer aufgeregter.

»Das ist ein Golden Retriever, er will Ihnen nur den Stock wiederbringen, keine Angst, werfen Sie einfach!«, rief ihm der Mann über das Hundegebell zu. Doch er dachte gar nicht daran, seine Waffe wegzuwerfen, das Einzige, was er noch hatte.

»Geben Sie mir meine Sachen!« Er bemühte sich, nicht zu schreien, sondern so bestimmt zu klingen wie möglich, um wenigstens etwas Würde zu bewahren. Doch der Mann schien gar nichts dabei zu finden, dass er nackt war und auf allen vieren, sondern brach kurzerhand einen Ast von einem der Büsche und warf ihn in den See. Der Hund raste hinterher und stürzte sich ins Wasser.

Die Verhärtung – es war eine Verhärtung und kein Krampf, so wie es sich anfühlte – hinderte ihn daran, sich wieder aufzurichten. Er kroch das letzte Stückchen und setzte sich schnell neben sein Bündel ins Gras. Der Oberschenkel schickte ihm auch jetzt noch, wie um ihn zu strafen, Stromschläge von Schmerz. Nur mit äußerster Mühe konnte er sich weit genug vorbeugen, um seine Laufhose über die Fußspitzen zu streifen.

»Tut mir leid, wenn wir Sie erschreckt haben«, sagte der Mann mit Blick auf seinen Hund und stellte sich neben ihn, »aber Retriever müssen jeden Stock, den sie sehen, apportieren, das ist ihre Natur.«

»Ich wollte mich nur kurz abkühlen und dachte, ich bin hier ungestört.« Er hatte nicht vor, sich zu rechtfertigen, ganz und gar nicht, doch genauso hörte es sich an. Mit einem Ruck gelang es ihm, seine Hose hochzuziehen.

»Sind Sie Sportler, ich meine, Leistungssportler?«, erkundigte sich der Mann.

»Nein, nur Hobby«, antwortete er, ohne es zu wollen.

»Dann scheinen Sie Ihr Hobby ja sehr ernst zu nehmen …«

Er fand, für jemanden, der mit einer Oberschenkelverhärtung halb nackt im Gras saß, führte er das falsche Gespräch, doch irgendwie schmeichelte es ihm. »Kennen Sie sich aus mit Sport?«

»Ich bin Fotograf, Sportfotograf, leider nur nebenberuflich. Damit wir uns Urlaube wie diesen leisten können, arbeite ich halbtags bei einer Versicherung«, sagte der Mann lachend. Der Hund kam aus dem Wasser zurück, schüttelte sich kurz am Ufer, dass die Tropfen flogen, legte seinem Herrchen den Stock vor die Füße und sah erwartungsvoll zu ihm auf. »Ich heiße übrigens Andreas«, fügte der Mann hinzu, ohne den Hund zu beachten. »Scheint so, als wären wir Nachbarn, wir wohnen in Haus elf.«

Er wunderte sich ein wenig, woher »Andreas« das wusste und ob dieser vertrauliche Ton in der Ferienanlage üblich war. Doch er fragte nicht nach, sondern stöhnte nur zustimmend, während er mit seinem Funktions-T-Shirt kämpfte, das beim Überziehen in Röllchen auf seinem nassen Rücken kleben blieb. Er erinnerte sich, dass Benny bei ihrer Ankunft festgestellt hatte, es gäbe kein Haus dreizehn, also waren sie wohl in Nummer zwölf.

Der Golden Retriever bellte wieder los, so durchdringend und laut wie zuvor, nur dass er die Aufforderung jetzt verstand. »Wenn man einmal damit anfängt, ist es schwer, wieder aufzuhören«, seufzte der Mann, »aber Ihr Sohn wollte unbedingt …«

»Benny?« Er zuckte zusammen, »Benny hat mit Ihrem Hund gespielt?«

»Es ist eine ›Sie‹, eine alte Dame, Marlene. – Darf ich?« Ohne eine Antwort abzuwarten, nahm der Hundebesitzer seinen Knüppel, hob ihn über den Kopf und warf ihn weit auf den See hinaus. »So, jetzt haben wir ein paar Minuten Ruhe.«

»Ich muss gehen«, entgegnete er absichtlich unhöflich. Er fühlte sich von seiner Familie verraten, von Benny, weil er mit dem Hund gespielt hatte, der ihr Feind war, von seiner Frau, weil sie es zugelassen hatte. Er nahm seine Schuhe in die Hand – sie am Boden vor dem anderen anzuziehen kam nicht infrage – und ging barfuß über den Rasen in Richtung Ferienhaus.

»Sie müssen da lang«, rief ihm der Hundebesitzer nach und deutete, unverändert freundlich, mit der Hand auf den Weg an der anderen Seite der Büsche vorbei. Er folgte dem Hinweis, ohne jeden Dank.

Sie waren in Haus Nummer zehn. Benny winkte ihm freudestrahlend von der kleinen podestartigen Terrasse zu, er hatte zwei Habichtsfedern gefunden und spielte Raubvogel. Von dem Hund sagte er nichts. Im Haus packte seine Frau die Koffer aus und verstaute Kleiderstapel in den verschiedenen Schränken. Auch sie sagte nichts von der Begegnung mit ihrem Nachbarn, sondern mahnte ihn nur mit einem Blick auf die Uhr, dass sie gleich zum Abendessen ins Hotelrestaurant wollten, Benny habe Hunger. Er nickte, ging ins Badezimmer, ohne das Bein nachzuziehen, und stellte sich unter die Dusche.

Das warme Wasser tat gut. Er drehte es heißer, brennend heiß, und fuhr mit dem Duschkopf über die verhärtete Stelle auf der Oberschenkelrückseite. Mit geschlossenen Augen spürte er den sich langsam lösenden Fasern nach – vielleicht war es doch nur ein Krampf. Die Entspannung wanderte durch seinen ganzen Körper. Er befestigte den Duschkopf wieder in der Halterung und ließ das Wasser auf sich herunterprasseln. Eine ganze Weile stand er so da, an die Kacheln gelehnt, wunsch- und gedankenlos. Seine Lungen füllten sich mit dem Dampf in der Duschkabine, als könnte er die Wärme um sich herum trinken.

»Ist dir nicht gut?«, hörte er seine Frau hinter den beschlagenen Scheiben.

»Doch, doch«, rief er, seine Stimme klang hohl.

»Du bist schon eine halbe Stunde da drin …«

Er bezweifelte das, fand aber nicht die Kraft zu widersprechen. Mit dem Schmerz hatte sich auch sein ganzer Antrieb verflüchtigt, alles, was ihn zusammenhielt. Er war an den Fliesen hinabgesunken und kauerte in der Hocke mit um die Knie geschlungenen Armen. Vielleicht hatte er doch einen Moment geschlafen. Die Haut auf seinem Rücken spannte wie bei einem Sonnenbrand.

»Beeil dich, bitte, wir wollen los!«

»Nein, nein, geht nur ohne mich«, sagte er und schraubte an den Armaturen, »ich hab keinen Hunger und leg mich ein bisschen hin.«

Die Dusche versiegte mit einem letzten heißkalten Schwall.

»Aber wir haben nichts im Haus, nur ein bisschen Reiseproviant«, sagte seine Frau besorgt. Er konnte jetzt ihre Silhouette hinter der Scheibe sehen. Sie hatte Licht gemacht. »Bist du sicher, dass es dir gut geht?«

Er wusste nicht, was er sagen sollte, zuckte mit den Achseln, was sie wahrscheinlich nicht sehen konnte, und sagte dann »Ja«. Nie hätte er gedacht, dass er damit durchkommen würde, doch sie widersprach nicht, sondern schloss die Tür.

Er wartete, bis Benny und sie gegangen waren, dann erst verließ er das Bad mit einem Handtuch um die Hüften. Ziellos streifte er durch die Zimmer, die er noch nicht kannte. Er überlegte, ob er sich ein kühles Bier genehmigen sollte, auch wenn das direkt nach dem Laufen unvernünftig war, aber es gab keine Minibar, und der Kühlschrank in der kleinen Behelfsküche war leer. Also nahm er sich eine Flasche Mineralwasser aus der Reisekühltasche, trank ein paar Schlucke und legte sich ins Bett. Von draußen hörte er Stimmen, Gesprächsfetzen, doch noch bevor er sie sinnvoll zusammensetzen konnte, war er eingeschlafen. Er wachte erst wieder auf, als seine Frau neben ihm im Bett ihr Buch beiseitelegte und die Nachttischlampe löschte.

»Vielleicht kannst du morgen früh die Spinne unter dem Waschbecken im Badezimmer wegmachen, Benny wollte sich deswegen nicht die Zähne putzen«, sagte sie.

Er sagte Ja. Dann sagten sie sich Gute Nacht.

Am nächsten Morgen fühlte er sich erfrischt und munter. Es war erst kurz nach fünf, doch er hatte fast elf Stunden geschlafen, das Doppelte seines üblichen Pensums. Unter dem Waschbecken fand er zwei Spinnen, eine etwas dickere Kreuzspinne in ihrem Netz und eine dünne, langbeinige Jagdspinne. Er tötete beide. Dann putzte er sich ausgiebig die Zähne und wippte dabei auf den Zehen, völlig schmerzfrei.

Auf der Suche nach etwas Koffeinhaltigem ging er in die Küche, zog die Vorhänge auf und sah, dass seine Frau die Kaffeemaschine schon vorbereitet hatte, er brauchte nur noch auf den Knopf zu drücken. Sogar an ein Kännchen Milch hatte sie gedacht. Während der Kaffee durchlief, schlich er über den Flur und schaute vorsichtig durch den Türspalt ins Kinderzimmer. Benny hatte sich im Bett wie immer frei gestrampelt, das zu kurze Bein angewinkelt, das andere lang gestreckt, die Arme über Kopf geschwungen wie ein Tänzer. Sein Gesicht sah wächsern aus, vielleicht ein dünner Schweißfilm, vielleicht nur seine glatte Haut im fahlen Licht der Morgendämmerung. Er wirkte so pausbackig, so mädchenhaft zart, als sei er nicht gemacht für dieses Leben, doch er atmete, und die Pupillen unter seinen Augenlidern schossen hin und her.

Für einen Moment versank er in dem Anblick. Dann zog er behutsam die Tür wieder zu, ging in die Küche und goss sich einen Becher Kaffee ein. Den Rest füllte er in die von seiner Frau bereitgestellte Thermoskanne, auf der ihre Initialen standen. Sie nahm diese Kanne überall mit hin, doch sie vergaß nie den Extrabecher für ihn. Ein Anflug von Reue überkam ihn, weil er sie gestern Abend so allein gelassen hatte. Das würde nicht wieder vorkommen.

Er nahm seinen gewohnten Schuss Milch und setzte sich mit dem dampfenden Kaffee nach draußen auf die Terrasse. Auf dem Tisch lag noch die Zeitung von gestern, die er in der Hektik des Reisetages nicht hatte lesen können. Er trank den ersten, schönsten Schluck und überflog die Seiten. Anders als zu Hause erschienen ihm die Meldungen und Artikel hier im Grünen, mit Blick auf den See, die Kastanienbäume und ihre kerzenförmigen Blüten wie Nachrichten von einem anderen Planeten. Der Kaffee erfüllte ihn mit einem warmen, pochenden Behagen. Er las ein wenig Aus aller Welt, geriet ins Nachdenken über irgendwas. Seinen Nachbarn bemerkte er erst, als der Hund schon auf seine Seite des Rasens gelaufen kam.

Der Golden Retriever war angeleint, sonst hätte er etwas gesagt, aber er wollte den Frieden dieser Morgenstimmung nicht stören. Den Gruß von nebenan erwiderte er mit einer minimalen Kopfbewegung, die man unmöglich als Einladung verstehen konnte. Dennoch kam Andreas näher – »Andreas«! Dass er sich diesen Namen überhaupt gemerkt hatte, ärgerte ihn. Im selben Augenblick fiel ihm wieder ein, dass der Hund eine Hündin war und Marlene hieß.

»Na, ausgeschlafen?«, rief Andreas auf halbem Weg und strahlte ihn an.

Er nickte sparsam, doch auch das hielt seinen Nachbarn nicht davon ab, am Fuß der Terrasse in Stellung zu gehen, Hände in den Hüften, und mit ihm zusammen die Aussicht zu begutachten.

»Was für ein herrlicher Morgen«, sagte Andreas, als würde es sich um eine tiefe Erkenntnis handeln. Im Gegenzug stellte er sogar das Nicken ein.

»Ich hoffe, wir haben Ihnen Ihre Frau gestern Abend nicht zu lange entführt«, wandte sich sein Nachbar wieder an ihn, »aber sie meinte, Sie hätten sich beim Laufen völlig verausgabt und würden schlafen wie ein Murmeltier …«

Irgendetwas daran traf ihn, doch er hielt still im Gesicht.

»Sie haben was verpasst. War ein schöner Abend«, fuhr

Andreas fort, »sehr unterhaltsam! Ich muss schon sagen, Sie haben wirklich eine tolle Frau.«

»Ja«, sagte er, hatte aber nicht übel Lust zu widersprechen. Was wusste dieser Hundebesitzer schon von der schweren Zeit nach Bennys Geburt, von der Rennerei zu allen möglichen Ärzten und der unausgesprochenen Frage, die zwischen ihnen stand, wessen Schuld es sei, dass sie kein ganz gesundes Kind bekommen hatten.

»Aber das holen wir nach, nicht wahr? Hat Ihre Frau Ihnen schon gesagt, dass Sie heute Abend bei uns zum Essen eingeladen sind?«

»Ich weiß Bescheid«, log er, um dem anderen nicht den Triumph zu gönnen. Es gelang ihm halbwegs, seinen Unmut zu verbergen. Aber er nahm sich vor, mit seiner Frau ein ernstes Wort zu reden.

»Was für Getränke sollen wir denn für Sie besorgen? Ihre Frau meinte, Sie trinken keinen Wein …«

»Wasser«, sagte er, »nur Wasser.« Er hatte nicht vor zu kommen. Marlene zerrte hechelnd an ihrer Leine. Mit aller Macht zog es sie hinunter zum See, und für einen Moment glaubte er, sie zu verstehen.

»Sitz!«, befahl ihr Herrchen kopfschüttelnd. »Sie ist ganz wild auf diesen Stock. – Lass, Marlene! Lass den Stock jetzt!«

Es war nicht irgendein Stock, es war der Knüppel, der ihm gehörte, getränkt mit seinem Schweiß und seiner Wut.

»Sie entschuldigen mich«, erhob er sich und trank im Stehen seinen Becher leer. »Ich muss mal nach meiner Familie sehen …« Er konnte ebenso gut ins Haus gehen, die Morgenstimmung war passé.

»Bis später«, rief der Mann ihm hinterher, »ich hoffe, der Kaffee hat einigermaßen geschmeckt.«

Er fragte nicht, wieso, blieb aber stehen.

»Ich habe Ihnen gestern noch ein bisschen Milch vorbeigebracht, weil Ihre Frau meinte, sonst schmeckt Ihnen der beste Kaffee nicht.«

»Sehr nett«, sagte er nur, nahm den Becher und ging.

Nachdem er die Tür hinter sich zugemacht hatte, stand er eine Zeit lang regungslos im Flur und lauschte. Von seiner Frau aus dem Schlafzimmer kam kein Laut, aus dem Kinderzimmer nur Bennys seufzender Atem. Er beschloss, die beiden schlafen zu lassen, und ging in die kleine Küche. Der Kaffee hatte seinen Organismus in Gang gebracht, er verspürte ein leises Hungergefühl. Das Letzte, was er gegessen hatte, war ein Butterbrot auf der Herfahrt gewesen, vor knapp zwanzig Stunden. Einmal mehr kramte er in der Reisekühltasche, fand aber bloß ein paar Cracker und entschied sich, seinen Hunger lieber aufzuheben. Er musste auf jeden Fall mit der Familie zusammen frühstücken, schon allein um zu verhindern, dass Andreas sich zu ihnen an den Tisch setzte und diese Unterhaltung hinter seinem Rücken weiterging. Er warf die Zeitung ins Altpapier, stellte sich ans Küchenfenster und spähte im Schutz der Gardine hinaus. Sein Nachbar und der Hund waren verschwunden. Der See lag unter einer weißen Nebeldecke.

Er wäre gern schwimmen gegangen, wollte aber nicht die Schränke im Schlafzimmer nach seiner Badehose durchwühlen und dabei seine Frau aufwecken. Stattdessen versuchte er, seinen Kaffeebecher unter dem Wasserhahn über der Spüle so geräuschlos wie möglich abzuwaschen, doch es hörte sich an wie Platzregen auf einem Blechdach. Irgendwann hatte er von der Heimlichtuerei genug, schnappte sich seine Laufhose aus dem Bad und streifte über das feuchte Gras hinunter zum See. Er war noch nicht weit gekommen, als er den Stock im Gras liegen sah – seinen Knüppel. Hatte Marlene also doch gehorcht und ihn liegen lassen! Mit einer gewissen Befriedigung hob er ihn auf, wog ihn ein wenig in der Hand und ging damit zum Ufer. Er war tatsächlich der Einzige am Wasser, sein Nachbar hatte sich in Luft aufgelöst, und die übrigen Gäste schienen noch zu schlafen. Leichtfüßig bestieg er eine floßähnliche Badeplattform und starrte hinaus auf den Dunstteppich über dem See. Das Wasser war wärmer als die noch nachtkühle Luft. Für einen Moment schloss er die Augen. Dann warf er den Stock so weit, wie er konnte, und sprang hinterher.

Das Wasser fühlte sich frischer an als bei seinem kurzen Schwimmausflug gestern. Er tauchte mit dem Kopf unter bei jedem Zug und verschlang dann die Luft, die auf dem Wasser lag, ihre weiche, sommerliche Süße. In den Bäumen und Büschen am Hügel fing sich die Morgensonne, die allmählich die Schilfreihen flutete. Er vergaß fast zu schwimmen, es war so verboten schön.

Eine Weile trieb er mit fächelnden Handflächen im Kreis, wälzte sich gemächlich auf den Rücken und sah in den Himmel, dieses bodenlose Blau. Lange hatte er sich nicht mehr so gefühlt, so verloren und geborgen zugleich. Ihm fiel der Stock wieder ein, den er geworfen hatte – oder hatte er das nur vorgehabt? Ein wenig verwundert schaute er sich um und entdeckte ihn schon von Weitem, im Wasser dümpelnd wie der Rücken eines großen Fischs. Er hielt darauf zu, zielstrebig jetzt. Der Hunger, der ihn an Land in Unruhe versetzt hatte, verlieh ihm im Wasser ein Gefühl der Leichtigkeit. Beinahe schwerelos glitt er dahin. Gerade hatte er den Stock gepackt und wollte umkehren, als er seinen Sohn auf der Badeplattform stehen sah, im Schlafanzug, wie eine Erscheinung, die dünnen Arme einander umfassend und eng an den Körper gepresst – ein Frierender an einem Sommermorgen. Ihre Blicke trafen sich. Selbst über die Entfernung meinte er, den Ruck zu spüren, der durch diesen schmächtigen Körper ging. Doch alles war gut. Benny löste sich aus der eigenen Umklammerung, winkte ihm mit seinen viel zu langen Ärmeln, und er winkte zurück, den Stock weithin übers Wasser schwenkend. Dann schwamm er geradewegs auf ihn zu, im Gesicht ein Lächeln, das er mit in den See nahm, wenn er tauchte.

»Ist dir nicht kalt?«, rief er, als er in Hörweite war. Benny schaute erstaunt wie immer, wenn man ihn ansprach, und schüttelte leicht verzögert den Kopf.

»Ich hab geträumt, dass du hier bist, Papa.« Der See trug sein Stimmchen bis zu ihm.

»Schon in Erfüllung gegangen, wie du siehst …« Lachend unterbrach er das Auf und Ab seiner Züge, klatschte mit beiden Händen aufs Wasser und schlug Wellen wie zum Beweis, dass er wirklich war.

Benny sah ihn fragend an. »Hast du den Stock?«

»Ja, natürlich.« Doch er hatte kurz losgelassen und bekam ihn im Wasser nicht gleich zu fassen.

»Bringst du ihn mir?« Benny streckte ihm die Hand entgegen. Aus dem Bündchen seines Ärmels schauten nur die Fingerspitzen hervor.

»Ich ihn dir bringen? Du spinnst wohl, ich bin doch kein Hund!«, knurrte er scherzhaft und bellte ein paarmal. Er hielt sich mit beiden Händen am Floß fest und stemmte sich aus dem Wasser. Den Stock hatte er nur einen Moment beiseitegelegt, doch Benny schnappte ihn sich sofort und lief damit zum anderen Ende der Plattform.

»Na warte!« Triefend und mit ausgebreiteten Armen stapfte er hinter seinem Sohn her, wie um sich auf ihn zu stürzen. Als Benny jauchzend zur Seite auswich, ließ er sich platschend ins Wasser fallen.

»Nicht getroffen, Schnaps gesoffen! Nicht gefangen, schiefgegangen!«, skandierte der Kleine und hüpfte übermütig auf den Holzplanken hoch und runter.

Der Spaß, den er gerade noch gehabt hatte, schlug augenblicklich um in Sorge. »Pass auf, dass du nicht ins Wasser fällst, du Strauchdieb, Holzdieb, Stockdieb!« Er versuchte, seine Ermahnung noch ins Lustige zu wenden, doch in Wahrheit hatte er Angst um Benny. Irgendwann, vor Jahren schon, war all seine Liebe zu diesem Kind Mitleid geworden.

»Hol ihn dir! Hol ihn dir!« Bennys Stimmchen überschlug sich fast, während er mit dem Stock herumfuchtelte, Würfe und Wurfrichtungen antäuschte und doch nicht losließ.

»Nicht so wild, Benny! Vorsicht!«

»Selber Vorsicht! Duck dich lieber!«, schrie Benny jetzt, ganz aufgeregt. Schwer zu sagen, was die größere Gefahr war, dass der Junge sich mit dem Knüppel ein Loch in den Kopf schlug oder das Gleichgewicht verlor und ins Wasser fiel. Doch ehe er nah genug an ihn heranschwimmen konnte, um ihn notfalls zu retten, wirbelte plötzlich ein Schatten durch die Luft. Er zuckte zusammen, zog den Kopf ein. Der Stock flog hoch über ihn hinweg und weit, viel weiter, als er es für möglich gehalten hätte.

»Hol ihn dir! Hol ihn dir!«

»Das war ein ziemlich guter Wurf, Benny«, sagte er anerkennend.

»Das ist noch gar nichts! Hol ihn jetzt!«

»Nur wenn du mir versprichst, nicht zu nah an den Rand zu gehen ...« Er machte sich wirklich große Sorgen. Doch Benny stampfte fordernd von einem Bein aufs andere, so energisch, dass er damit sogar die Plattform zum Schwanken brachte.

»Wetten, dass ich noch viel weiter werfen kann, Papa?!«

»Bleib, wo du bist!«, warnte er ihn, ganz im Ernst. Dann kraulte er los und brachte den Stock so schnell wie möglich wieder, angetrieben von der Angst, seinen Sohn sonst nicht rechtzeitig aus dem Wasser ziehen zu können.

»Der hier wird doppelt so weit, guck doch!« Benny riss den Stock an sich, nahm Anlauf und holte weit aus. Kurz vor der Plattformkante kam er zum Stehen. Das Holz zischte voller Wucht durch die Luft – nicht doppelt so weit, aber doch weiter als beim ersten Mal. Sein Erstaunen darüber war nur zum Teil gespielt.

Benny übertraf sich mit seinen Würfen tatsächlich immer wieder selbst. Dafür lobte er ihn und bestätigte seine Fortschritte jedes Mal, wenn er ihm den Stock zurückbrachte, ruhig und ohne Überschwang. Er wollte ihn nicht noch mehr anstacheln. Benny schwitzte wie im Fieber, die Haare klebten an seiner Stirn. Seine Frau hätte das Treiben längst beendet und Benny in die heiße Badewanne gesteckt, damit der Junge sich nicht erkältete. Seine Logik war eine andere: Benny musste warm und in Bewegung bleiben, deswegen beeilte er sich noch mehr. Bei seinen kurzen Sprints hin und zurück spürte er seine Wade wieder und den hinteren Oberschenkel, doch da sein Sohn endlich einmal mit ihm spielte wie ein gesundes Kind, durfte er ihn auf keinen Fall enttäuschen. Immer wenn der Krampf sich festzusetzen drohte, beruhigte er sich mit dem Gedanken, es könne nicht mehr lange dauern, Benny würde sicher bald müde werden und aufgeben. Aber der Kleine schien gar nicht genug zu kriegen. Wieder und wieder schleuderte Benny den Stock weit auf den See hinaus, sprang hoch und klatschte in die Hände: »Schneller! Schneller!«

Zwei-, dreimal war er kurz davor abzubrechen, weil er glaubte, den Krampf nicht mehr abschütteln zu können. Doch wann immer er Benny sah, seine Freude am Spiel und an der Bewegung, brachte er es nicht fertig. Dann plötzlich, als er sich schon damit abgefunden hatte, dass er womöglich den ganzen Vormittag für seinen Sohn hin und her kraulen musste, ließ Benny die Schultern hängen, senkte den Kopf und flüsterte: »Ich möchte so gern einen Hund, einen wirklichen Hund, Papa, bitte.«

Einen Moment lang starrte er seinen Sohn an, vom Wasser aus, eine Hand an der Plattform. Benny sah über ihn hinweg, traurig und versonnen, wie in Erwartung einer Antwort, von der er wusste, dass sie ihn unglücklich machen würde.

Dann drehte er sich um und schlurfte ohne einen Blick zurück den Hügel hinauf nach Hause. Der Stock blieb einfach liegen.

Aus irgendeinem Grund war er nicht böse oder wütend, nur niedergeschlagen. Er versuchte, Bennys Wunsch nach einem Hund nicht persönlich zu nehmen, doch er fühlte sich gedemütigt und zurückgesetzt. Eigentlich war er gut darin, Entschuldigungen für sein Kind zu erfinden, diesmal wollte es ihm nicht gelingen. Er hatte sich ganz vergeblich zum Narren gemacht.

Müde stemmte er sich aus dem Wasser, seine Wade zog sich zu einer Kugel zusammen, er musste sich auf die Planken setzen, das Bein durchstrecken und die Fußspitze zu sich ziehen, aber er stöhnte nicht, atmete nur. Als der Krampf endlich nachließ, war das Wasser auf seiner Haut schon so gut wie getrocknet. Er rubbelte sich mit dem Handtuch kurz die Haare und warf es dann über die Schulter. Mit einem hohlen, lauernden Kribbeln in den Beinen stieg er seinem Sohn hinterher.

Schon auf halbem Weg hörte er seine Frau mit Benny reden, sanft, aber mit Nachdruck. Vorsichtig näherte er sich, um vielleicht das eine oder andere Wort aufzuschnappen. Doch ihre Vorhaltungen schienen bereits beendet, sie schickte den Jungen ins Haus. Als er aus der Deckung trat, sah er sie auf der Terrasse sitzen, auf dem Tisch vor ihr die Thermoskanne, neben ihr Andreas. Für einen Moment stand er still.

Seltsamerweise war der erste Vorwurf, der sich in ihm gegen sie erhob, wie sie es zulassen konnte, dass Benny sich so verausgabte, am See, im Schlafanzug, in Schweiß. Offenbar hatte sie sich so angeregt mit ihrem Besuch unterhalten, dass ihr gar nicht erst der Gedanke gekommen war, einzugreifen und sich um ihren Sohn zu kümmern.

Andreas grüßte unverändert freundlich und lobte die starke Leistung, die Ausdauer wie überhaupt seine beeindruckende Form. Es vergingen ein paar Sekunden, bis er begriff, dass sein Nachbar nicht Benny meinte, sondern ihn.

»Nein, wirklich«, insistierte Andreas, »so viele Sprints hintereinander! Und nicht bei einem Einzigen hätte ich mithalten können ohne anschließendes Sauerstoffzelt!«

Er wollte einwenden, dass er gegen Ende den Beinschlag hatte schleifen lassen, verkniff es sich aber. Stattdessen sagte er vorwurfsvoll: »Ich glaube, Benny braucht ein heißes Bad.«

»Sie müssen doch einen Wahnsinnshunger haben«, erkundigte sich Andreas. Offenbar sah man es ihm an, und es ärgerte ihn, dass sein Nachbar das bemerkte, nicht aber seine eigene Frau.

»Ich geh schon«, seufzte sie. – Sie meinte natürlich wegen Benny und der Badewanne.

»Nein, nein, ich mach das!« Wenn er etwas noch weniger wollte, als dass sie mit Andreas zusammensaß, dann war es, mit Andreas allein zu sein. »Ich muss ohnehin duschen. Kümmer du dich um unsere Gäste.«

»Oh, bitte, nur keine Umstände, ich will wirklich nicht stören!« Im Gegensatz zu seiner Frau verstand Andreas ihn sofort. Doch sie legte ihrem Besuch beschwichtigend eine Hand auf den Unterarm, als wollte sie ihn auf seinem Stuhl festhalten.

»Wo ist eigentlich Marlene?« Er wunderte sich, wie selbstverständlich ihm dieser Hundename über die Lippen kam.

»Bei Benny«, sagte seine Frau. Ohne ein weiteres Wort stand sie auf und ließ ihn mit Andreas zurück. Sein erster Impuls war, ihr nachzugehen und sie zur Rede zu stellen. Doch der fremde Hund in seinem Haus hielt ihn davon ab.

»Ich bin auch gleich weg«, sagte Andreas fast schuldbewusst und senkte die Stimme, »ich wollte Ihnen nur kurz die Bilder zeigen und um Ihr Einverständnis bitten …«

In Gedanken haderte er noch mit seiner Frau, deswegen bemerkte er die Kamera mit dem gewaltigen Teleobjektiv erst, als Andreas sich danach bückte und sie aus der Fototasche zu seinen Füßen hob.

»Was für Bilder?«

Andreas stand auf und stellte sich mit der Kamera neben ihn. »Ihre Frau war so freundlich, mir die Erlaubnis zu geben, aber natürlich haben Sie das letzte Wort. Wenn es Ihnen nicht recht ist, lösche ich die ganze Serie sofort!«

Auf dem Kameradisplay erschienen in schneller Folge Fotos, auf denen er zu sehen war, wie er ins Wasser hechtete, kraulte und sich wieder auf die Plattform stemmte. Dann folgten ausführlich seine Dehnübungen am Schluss. »Meinen Sohn haben Sie nicht drauf?«, fragte er, unschlüssig, was er davon halten sollte.

»Ich bin Sportfotograf«, sagte Andreas und tippte zurück an den Anfang, um die Bilder noch einmal durchlaufen zu lassen. »Das hier ist ziemlich gut, oder?«

Andreas hielt ihm die Kamera hin mit einer Großaufnahme seines Torsos, während er sich auf die Plattform stemmte.

»Ich interessiere mich für Definiertheit«, erläuterte Andreas ruhig, »für eine definierte Muskulatur und kann nur sagen, ich kenne Spitzensportler, deren Körper nicht annähernd so klar ist wie Ihrer.« Es folgten zwei Rückenansichten, Rückenreliefs, in der Anspannung vor dem Sprung. »Aber, wie gesagt, wenn Sie etwas dagegen haben …«

»Wofür – ich meine, was haben Sie damit vor?«

Andreas ließ die Kamera sinken. »Das weiß ich jetzt noch nicht, aber ich würde in jedem Fall vor einer Veröffentlichung fragen. Wenn Sie also nicht kategorisch Nein sagen –«

»Ich müsste mir die Bilder einmal in Ruhe ansehen …«

»Sie bekommen heute noch Abzüge, provisorische, versteht sich, per Drucker auf Fotopapier, nicht farbecht, und die Auflösung ist miserabel, aber Sie werden sich wiedererkennen.«

Er zögerte noch, weil er wusste, dass er über diese Daten keinerlei Kontrolle mehr haben würde, wenn er Andreas jetzt gehen ließ.

»Sobald ich wieder zu Hause im Labor bin, schicke ich Ihnen die ganze Serie in Hochglanz. Man hält ja seine Bestform gerne fest für alle Zeiten, wer weiß, wie lange man sie in natura halten kann.«

»In natura …«, echote er beinahe höhnisch.

»Nun ja, vom biologischen Standpunkt sind wir Normalsterbliche Mitte zwanzig auf dem Höhepunkt unserer körperlichen Leistungsfähigkeit, danach beginnt der Verfall, bei dem einen schneller, bei dem anderen langsamer …« Andreas sah ihn nicht an, sondern betrachtete mit einer merkwürdigen Mischung aus Kennerschaft und Bewunderung das nächste

Bild, das sich auf dem Display aufbaute, und das Merkwürdigste an diesem Gesichtsausdruck war vielleicht, dass etwas fehlte: Neid.

Sogar er selbst war neidisch auf diese Fotos, weil sie seine Vergänglichkeit nicht zeigten, nichts von den Schikanen, Qualen, Handicaps, mit denen er seit zwei, drei Jahren kämpfte. Auf diesen Bildern hatte er die Kraft, die Zeit zu besiegen. Und alles in ihm wollte ihnen glauben.

»Kann ich den Schluss noch mal sehen?«

Rasch tippte Andreas weiter und verlangsamte dann, als die Fotostrecke mit den Dehnübungen kam, für die er sich schämte, seit er sie brauchte. Doch davon verrieten die Bilder nichts, nicht einmal der Schnappschuss, der ihn im Sitzen auf der Plattform zeigte, mit leicht verzerrtem Gesicht über sein Bein gebeugt. Es wirkte wie eine Pose, nicht wie ein Problem. An keiner Stelle seines Körpers kam etwas Weiches zum Vorschein. Über seiner Bauchmuskulatur und den Hüften kräuselte sich seine Haut nur leicht wie Falten auf einer Stirn.

Andreas grinste mit einer Art von Genugtuung, er hatte dasselbe gesehen – und gesehen, dass er es sah. Für einen Moment herrschte ein seltsames Einverständnis zwischen seinem Nachbarn und ihm.

»Also gut«, sagte er, »wenn Sie jetzt und hier alle Bilder löschen, auf denen ich mit dem Hundestock zu sehen bin, dann von mir aus …«

Bereitwillig klickte Andreas sämtliche Fotos mit Stock an, ließ sie ihn begutachten, und wenn er fand, dass er darauf ein bisschen zu sehr Hund spielte, wurden sie vor seinen Augen gelöscht. Es waren nur vier oder fünf. Auf den Rest gaben sie sich die Hand. Andreas verstaute seine Kamera, schulterte die Fototasche und verabschiedete sich mit einer leichten Verbeugung.

»Hey, und Ihr Hund«, rief er ihm nach, »wollen Sie Ihren Hund nicht mitnehmen?«

»Er geht mit Benny zum Frühstück, das habe ich mit Ihrer Frau schon besprochen, mir reicht morgens ein Kaffee …« Andreas winkte noch einmal über die Schulter, zog den Riemen seiner Fototasche hoch und schleppte sich weiter zum Haus Nummer elf.

Pünktlich nach dem Schwimmen meldete sich sein Hunger zurück. Doch es dauerte eine ganze Weile, bis Benny gebadet und angezogen war, Vorgänge, von denen er wusste, dass sie sich durch sein Zureden nicht wesentlich beschleunigen ließen, also hielt er sich mit Anweisungen und Kommentaren zurück. Er nahm sogar hin, dass nach Benny auch noch seine Frau meinte, sich für das Frühstücksbüfett schick machen zu müssen. Wieder einmal zeigte sich, dass die größte Herausforderung für einen Familienvater nicht in den körperlichen Strapazen bestand oder in der Fähigkeit zu jahrelangem Schlafentzug, sondern in Geduld, schierer, unerschöpflicher Geduld.

Er nahm sich vor, Benny selber laufen zu lassen und ihn nicht zu tragen, auch wenn sich das Frühstück dadurch noch mehr verzögerte. Zu oft schon waren sie schief angesehen worden, wenn er mit einem siebenjährigen Jungen auf dem Arm in ein Lokal oder Restaurant kam. Nachdem die übrigen Gäste Bennys Behinderung bemerkt hatten, wandelte sich ihr Unverständnis meist in Bedauern. Das kränkte ihn sogar noch mehr.

Wie immer stand er als Erster fertig draußen vor der Tür, wippte auf den Zehenspitzen und blickte in die Landschaft, nur um wieder einmal festzustellen, dass man nicht gleichzeitig warten und die Aussicht genießen konnte – seine Frau nestelte noch an Bennys Socken und Schuhen. Als die beiden endlich so weit waren, streckte er den Arm aus, um den Kleinen an die Hand zu nehmen, ein Kompromissangebot, das es ihm ermöglichen würde, das Tempo notfalls ein bisschen anzuziehen. Doch zu seiner Überraschung lief Benny mit dem Hund voraus, schief zwar und hinkend, aber mit einer Wildheit, die er von ihm nicht kannte. Es war seine Frau, die zu ihm aufschloss und seine Hand nahm. Einen Moment standen sie still beisammen und sahen ihrem vorausstürmenden Sohn zu. Es musste ihr so wehtun wie ihm, mit anzusehen, wie Benny sich beim Laufen die Knochen stieß. Immer wenn der Kleine auflebte und ungestüm wurde wie ein ganz normaler Junge, zeigte sich seine Behinderung erbarmungslos. Fast sah es aus, als würde der Hund sogar Benny imitieren und ihm zuliebe ebenfalls ein bisschen humpeln. Doch es war ein sehr alter Hund, mit reichlich Grau um die Schnauze und kahl gescheuerten Stellen an den Hinterläufen; vermutlich hatten sich nur zwei Lahme gefunden.

»Benny mag diesen Hund wirklich sehr«, sagte seine Frau leise.

Er nickte stumm und sah den beiden nach. Es hätte ein Foto für das Familienalbum sein können, ein Junge und sein Hund, wie sie den grünen Hang hinaufrannten.

»Ich fürchte«, sie flüsterte jetzt fast, »es wird Benny sehr schwerfallen, sich von ihm zu trennen.«

»Es ist eine ›Sie‹«, stellte er klar, »und sie ist nicht mehr die Jüngste.« Dann umschloss er ihre Hand und setzte sich in Bewegung.

Insgeheim hatte er gehofft, dass Hunde nicht mit in den Frühstücksraum durften, aber Marlene war den Kellnern bestens bekannt und gehörte offenbar zu den Stammgästen. Als er mit seiner Frau ins Restaurant kam, saß sie bereits zu Bennys Füßen an einem Tisch auf dem großzügigen, sonnenbeschienenen Balkon und sah ihn hechelnd mit hochgezogenen Augenbrauen an. Einen Napf mit Wasser hatte man ihr schon serviert.

Seine Frau bestellte Kaffee, er eine große Flasche Mineralwasser. Dann machte er sich auf zum Frühstücksbüfett, Seite an Seite mit Benny, der bei dem reichhaltigen Angebot aus Müsli, Obst, Quarkspeisen und Joghurt zögerlich blieb, sich nur widerwillig ein Mohnbrötchen nahm und erst zulangte, als sie vor den Wurst- und Schinkenplatten standen. Da Benny sonst immer süß frühstückte, war das leicht zu durchschauen. Der Aufschnitt sollte nicht für ihn sein, sondern für den Hund. Einen Moment lang rang er mit sich, ob er ihm das durchgehen lassen sollte. Als sie sich wieder an den Tisch setzten, stellte er die Regel auf, dass man wenigstens die Hälfte dessen, was man auf dem Teller habe, selber essen müsse, nur die Reste dürfe man verfüttern. Benny schaute ihn wie immer verwundert und verwundet an, ohne zu widersprechen, würgte dann aber fast zehn Minuten an einer einzigen Scheibe Schinken herum, die sich in seinen Backentaschen zu einem unzerkaubaren Klumpen ballte. Er erhob keinen Einspruch, als Benny, bebend vor Ekel, den farblosen Faserkloß in eine Serviette spuckte und mit dem übrigen Fleisch – neun Zehntel des Tellers – den Hund fütterte.

Seine Frau mischte sich in seine Erziehungsversuche nicht ein. Als Marlene ihren Kopf vorstreckte und sie von unter dem Tisch fragend ansah, nickte sie ihr lächelnd und voller Wohlwollen zu.

Nach einem halben Mohnbrötchen stand Benny auf und bat darum, mit dem Hund draußen auf der Wiese spielen zu dürfen. Mehr als ein Achselzucken hatte er dem nicht entgegenzusetzen, sein pädagogischer Elan war erloschen. Aus den Augenwinkeln sah er noch, wie der Kleine im Hinausgehen vom Büfett drei Bockwürstchen mitgehen ließ, sagte aber nichts, sondern beschloss, es lausbübisch lustig zu finden.

»Ist es für dich eigentlich in Ordnung, wenn wir heute Abend mit Andreas essen?«, fragte ihn seine Frau, als sie allein waren.

»Es führt wohl kein Weg daran vorbei …«, gab er jede Gegenwehr auf. Immerhin würde er mit Andreas gut über Sport reden können. »Hast du die Fotos gesehen, die er gemacht hat?«, erkundigte er sich so beiläufig wie möglich.

Sie goss sich Kaffee nach. »Welche Fotos?«

»Na, er hat doch mit diesem riesigen Teleobjektiv fotografiert, als ich mit Benny unten am Wasser war. Er meinte sogar, du hättest es ihm erlaubt …«

»Vielleicht hat er so was erwähnt, ja«, sagte sie teilnahmslos.

»Erwähnt? Ich dachte, du seist dabei gewesen!«

Sie setzte langsam ihre Kaffeetasse ab und sah ihn an. »Was ist eigentlich los mit dir? Du bist so gereizt.«

Er fand sich selbst ganz und gar nicht gereizt, sondern zu Recht fassungslos darüber, wie es ihr so gleichgültig sein konnte, dass ein Fremder ihre Familie fotografierte, aber er wusste, dass er noch gereizter wirken würde, wenn er darauf beharrte, also sagte er bloß: »Ich dachte nur …«

»Hast du noch Hunger?«, fragte sie, wartete aber seine Antwort nicht ab. »So reizbar bist du sonst nur, wenn du Hunger hast.«

Er schüttelte den Kopf und kratzte einen letzten Rest Müsli von seinem Teller.

»Entspann dich«, sagte sie besänftigend, »du hast doch Urlaub …«

»Ja«, gab er nach, seine Frau kannte ihn wirklich gut, »ja, ich weiß.«

Sie stützte beide Ellbogen auf den Tisch und beugte sich zu ihm vor. »Hast du was? Komm, ganz ehrlich, was ist los?«

»Vielleicht esse ich noch eine Banane …« Er wich ihrem prüfenden Blick aus und schaute sich vage nach dem Büfett um. Doch so leicht ließ sie ihn nicht davonkommen.

»Hey!«, sagte sie und brachte ihn dazu, ihr in die Augen zu sehen, in denen nichts Boshaftes lag.

»Ich schätze, ich bin hier einfach noch nicht richtig angekommen«, lenkte er ein, mehr eine Geste als ein Geständnis. Sie legte eine Hand auf seinen Unterarm und strich mit den Fingerspitzen sacht über die Mulde seiner Armbeuge – eine Zärtlichkeit, die ihm ein wenig therapeutisch vorkam. Er brauchte keine Streicheleinheiten. Aber er zog seinen Arm nicht zurück.

»Wir haben es doch ganz gut getroffen«, sagte sie lächelnd und unterbrach ihr Fingerspitzenspiel für einen kurzen Wink in Richtung Park, wo Benny zwischen Kastanien und Birnbäumen mit Marlene über den Rasen tollte, »und Benny ist so froh …«

»Ich bin ja auch froh«, sagte er, »nur –«

»Schsch!«, machte sie und legte den Zeigefinger erst auf ihre, dann auf seine Lippen.

»Ich bin mir nur nicht sicher, ob es gut ist, wenn Benny sich so eng an diesen Hund bindet«, setzte er noch einmal an, leiser, sanftmütiger jetzt. »Wir werden ihm sehr wehtun müssen in einer Woche oder schon ein paar Tagen, falls Andreas noch vor uns nach Hause fährt.«

»Denk doch nicht jetzt schon an unsere Abreise …« Sie ließ ihre Hand in seinen Nacken wandern und zog seinen Kopf zu sich hin. Es war nicht der Kuss, den sie ihm gab, sondern die Nähe zwischen ihren Gesichtern, die Wärmeströme zwischen Haut und Haut, die ihn daran erinnerten, wie lange er nicht mehr von einem anderen Menschen berührt worden war oder sich hatte berühren lassen.

Er atmete schwer, ihr Gesicht blieb noch einen Moment vor dem seinen. Dann rutschte seine Frau auf ihren Stuhl zurück und strich ihm wie zum Abschied über die Wange. »Ich muss mich jetzt leider beeilen«, seufzte sie leichthin.

»Beeilen?«, fragte er überrascht.

»Andreas und ich wollten zum Einkaufen ins Dorf fahren, nur ein paar Getränke und ein bisschen was zum Knabbern, damit wir nach dem Essen noch gemütlich zusammensitzen können. Möchtest du was Bestimmtes?«

»Ja, aber – Moment mal!«

»Ich muss los«, sagte sie mit einem Blick auf die Uhr, »die Apotheken schließen um zwölf, wir sind auf dem Land, weißt du?«

Er schüttelte den Kopf, ihm ging das alles zu schnell.

»Wir haben kaum noch Globuli für Benny, und Andreas braucht dringend irgendwas zur Desinfektion.«

»Wenn Andreas das Zeug so dringend braucht«, wurde er ärgerlich, »warum fährt er dann nicht allein?«

»Sag bloß, du bist …«, unterbrach sie sich selbst und sah ihn ungläubig an, »du bist doch nicht etwa eifersüchtig?«

»Ich bin nicht eifersüchtig! Ich verstehe nur nicht, warum Andreas nicht eben selbst ins Dorf fahren kann!«

»Er hat kein Auto«, sagte sie schlicht.

»Ach, und wie ist er dann hergekommen?«

»Mit seinem Freund, der hier aus der Gegend stammt. Er besucht mit dem Wagen gerade seine Verwandtschaft.«

Irgendetwas an der Art, wie sie das sagte, irritierte ihn. »Was für ein Freund?«

»Sein Lebensgefährte«, erklärte sie geduldig.

Er wollte etwas erwidern, hielt es dann aber für klüger zu schweigen.

Als sie zum Haus Nummer zehn zurückkamen, wartete Andreas schon vor der Tür und winkte ihnen von fern – ein bisschen zu neckisch, wie er fand. Er wollte seiner Frau einen vielsagenden Blick zuwerfen, doch sie sah ihn nicht an, sondern ging auf Andreas zu, der mehrere Bogen Fotopapier über dem Terrassentisch ausbreitete. »Bevor wir losfahren, sehen Sie sich das an! Mein Reisedrucker ist nicht farbecht, wie gesagt, von der Auflösung ganz zu schweigen, aber die Bilder als solche … phänomenal!«

Mit einer geschraubten Geste machte Andreas seiner Begeisterung Luft und stemmte die Hände dann in seine weichfleischigen Hüften. Seine Stimme klang nasal, die Satzmelodie ging wie gesungen nach oben. Unfassbar, dass ihm das bisher nicht aufgefallen war!

Seine Frau sah sich die Bilder an, offenbar wirklich zum ersten Mal, er beobachtete Andreas, der mit gekreuzten Beinen dastand und gelegentlich Kommentare einstreute, meist unterstrichen von kurzen, ausgreifenden Handbewegungen, die schnell wieder am eigenen Körper landeten.

Lange hatte er die Annäherungsversuche seines Nachbarn mit Misstrauen beäugt, jetzt fand er sie eher amüsant, zumal Andreas in die Fotos von ihm geradezu verliebt zu sein schien. Im Gegensatz zu seiner Frau. Sie wirkte abgelenkt, fast desinteressiert. Immer wieder schaute sie über die Bilder und das Terrassengeländer hinweg nach Benny, der auf ihre Anweisung vor dem Haus spielte, weit weg vom Wasser. Etwas mehr hätte sie diese Fotos schon würdigen können, fand er.

»Wir müssen jetzt wirklich los«, sagte sie geistesabwesend, noch bevor Andreas ihr den letzten Fotobogen zeigen konnte, den mit den Dehnübungen, die seine »Definiertheit« besonders gut zur Geltung brachten. »Passt du solange auf Benny auf? Wir sind in einer Stunde zurück.«

Seine Zustimmung voraussetzend, stieg sie die Terrasse hinunter und drückte Benny zum Abschied einen Kuss auf den Scheitel, sogar Marlene strich sie kurz über den Kopf.

»Der Autoschlüssel«, rief er und warf ihn ihr zu. Sie fing den Schlüsselbund im Nachfassen und ging ohne ein weiteres Wort. Es war nicht einmal böse gemeint, sondern einfach nur Alltag. Unterdessen legte ihm Andreas eine Hand auf die Schulter, wo sie für sein Empfinden eine Spur zu lange liegen blieb. »Ich lasse Ihnen die Abzüge da, vielleicht – wenn Sie möchten – kreuzen Sie Ihre Lieblingsmotive an, kleines Häkchen genügt, ich vergrößere sie Ihnen dann. Bis gleich!«

Er sagte nicht Danke, sondern brummte nur vage, während Andreas seiner Frau Richtung Parkplatz nacheilte. Im Laufschritt wirkte sein Gang tänzelnd, fast prinzenhaft. Es war alles so offensichtlich, dass er über seine eigene Blindheit nur den Kopf schütteln konnte. Die Fotobogen schob er beiseite, er mochte sich selbst jetzt nicht sehen. Stattdessen ging er zu Benny und fragte, ob sie nicht gemeinsam etwas unternehmen wollten. Doch der Junge war vollauf mit dem Hund beschäftigt und beachtete ihn gar nicht. Von irgendwoher hatte Marlene einen Ball aufgetrieben, einen kleinen roten Gummiball, den Benny mit erstaunlicher Härte den Hang hinaufschoss. Noch nie hatte sein Sohn freiwillig mit einem Ball gespielt. Eine Weile stand er nur da und sah den beiden zu. Dann, als der Ball dicht an ihm vorbeikullerte, setzte er kurz entschlossen den Fuß drauf. Jetzt konnten sie ihn nicht mehr wie Luft behandeln.

»Wollen wir ein bisschen Boot fahren?«, fragte er, während Benny und Marlene gleichermaßen entsetzt auf seinen

Schuh starrten, unter dem das Objekt ihrer Begierde so plötzlich verschwunden war. Anstatt zu antworten, schien Benny nur darauf zu warten, dass er den Ball wieder freigab.

»Ich würde mal an der Rezeption fragen, ob man sich eins von den Booten am Ufer ausleihen kann, dann könnten wir ein bisschen paddeln«, sagte er ruhig. »Hast du Lust?«

Benny nickte, ohne den Blick von seinem Schuh zu lösen.

»Warte hier, ich bin gleich wieder da.« Er hob seinen Fuß, ließ ihnen den Ball und ging, ohne dass Benny oder Marlene sich rührten. Sie schienen durch sein Einschreiten paralysiert. Doch als er oben vom Hang noch einmal zurückschaute, waren sie schon wieder im Spiel.

Er ließ sie gewähren, auch nachdem er den Schlüssel für eines der angeketteten Paddelboote bekommen hatte. Sollten sich die beiden noch ein bisschen austoben, bis das Boot startklar war, ein schmales olivgrünes Kanu mit einer verwitterten Fahne am Bug und zwei Sitzen, auf denen offenbar schon länger niemand mehr gesessen hatte. Die Sitzflächen waren voller Vogeldreck, im Fußraum hatte sich reichlich Regenwasser gesammelt – zumindest hoffte er, dass es Regenwasser war. Er schöpfte es aus, reinigte die Sitze mit einem alten Lappen und drehte dann eine Runde zur Probe. Es ging besser als gedacht. An die leichte Drehung beim Eintauchen der verschieden gewinkelten Ruderblätter gewöhnte er sich schnell, das Kanu machte Fahrt und glitt durch die seidige Stille über dem See. Er hätte endlos so weiterpaddeln können, doch er wollte sein Versprechen halten und mit seinem Sohn fahren, auch wenn Benny vielleicht gar nicht so erpicht darauf war.

Mit dem Ruder im Wasser stochernd, lenkte er das Kanu an seinen Ausgangspunkt zurück und kramte unter seinem Sitz eine Schwimmweste hervor, die er auf dem Steg für Benny bereitlegte. Dann rief er den Jungen, der natürlich nicht hörte, sondern sich erst in Bewegung setzte, als er auf zwei Fingern pfiff, so wie er es bei Andreas gesehen hatte. Im Grunde kam Marlene, und Benny folgte ihr.

»Kann sie mit?«, war seine erste Frage.

»Das Boot ist eigentlich nur für zwei Personen«, unternahm er einen halbherzigen Versuch, das Unvermeidliche abzuwenden, registrierte aber augenblicklich die Mischung von Enttäuschung und Trotz in Bennys Miene, der nach Kleinkindart schmollend Kiefer und Unterlippe vorschob. Er wusste, dass er das Nachsehen haben würde, wenn er ihn vor die Wahl stellte, entweder der Hund oder ich. »Andererseits kann man Marlene ja nicht als Person bezeichnen, hab ich recht?«, ging er lächelnd über seine drohende Niederlage hinweg. Doch der Jubel, der bei Benny unverhohlen ausbrach, zeigte ihm deutlich, wo er stand.

Als hätte Marlene zugehört, sprang sie mit einem beherzten Satz ins Boot und kletterte über den Vordersitz zum Bug. Offenbar saß sie nicht zum ersten Mal in einem Kanu. Der Kleine tat sich mit dem Einsteigen deutlich schwerer, brachte das Boot zum Schwanken und brauchte eine helfende Hand. Doch kaum hatte sich Benny auf dem Sitz vor ihm niedergelassen, bellte Marlene ungeduldig auf den See hinaus. Sie war der Kapitän, er nur der Steuermann.

»Auf geht's«, sagte er mehr zu sich selbst und paddelte los. Schon nach zwei, drei Ruderschlägen war er auf Kurs, zog voll durch und machte Geschwindigkeit. Sie waren schon weit draußen auf dem See, als ihm die Schwimmweste einfiel. Er drehte sich um. In ihrem verblichenen Orange lag sie auf dem Steg in der Sonne wie ein Warnsignal und andererseits nur ein Tupfer. Jetzt wieder zurückzufahren und sie Benny aufzunötigen war so ziemlich das Gegenteil des Abenteuers, das er ihm versprochen hatte. Also wies er den Kleinen nur darauf hin, dass Kinder eigentlich Schwimmwesten tragen müssten, und ermahnte ihn, vorsichtig zu sein, wohl wissend, dass es im Ernstfall nichts nutzte.

»Marlene hat auch keine Schwimmweste«, murmelte Benny, immer noch trotzig.

»Marlene ist erstens kein Kind, und zweitens kann sie schwimmen!«, brachte er zwischen Ruderschlägen hervor. Er paddelte jetzt nicht mehr so schnell, sondern schlug eine Art Spaziertempo an. Sie hatten die Mitte des Sees erreicht. Die Sonne stand schon hoch, die Uferlandschaft flimmerte in der Hitze, doch über dem Wasser lag eine geheime Kühle, die sich auftat, wenn man sie mit dem Bug des Kanus durchschnitt. Marlene hielt den Kopf in den Fahrtwind. Härchen flatterten, Fellbüschel verlegten sich. Lautlos schoben sie sich über den See.

Von der Hügelkuppe herab spiegelten die Scheiben eines Autos Lichtreflexe ins Tal. Langsam, fast unmerklich näherte es sich dem Parkplatz der Ferienanlage. Es war nicht sein Wagen, sondern ein amerikanisches Modell, doch er musste daran denken, wie er mit seiner Familie hier angekommen war, gestern erst. Vom Wasser aus wirkten die einzelnen Häuschen, der Park mit seinen wohlgestaffelten Bäumen und das

Hotelrestaurant miniaturhaft fremd wie die Landschaft einer Spielzeugeisenbahn.

Alarmiert sah er, wie Benny sich zur Seite beugte, die Arme über den Bootsrand baumeln ließ und mit den Händen im Wasser spielte. Jeder Junge hätte das getan, die Oberfläche mit den Fingerspitzen gekämmt und mit dem Handgelenk Bugwellen aufgeworfen, aber er musste es Benny verbieten.

»Passt auf, ich zeig euch was«, rief er aus und brachte Benny dazu aufzumerken. Er würde mit den beiden zum Baumhaus fahren, warum war er nicht längst darauf gekommen! Auf der Stelle wendete er das Boot und beschleunigte seine Schläge. Benny saß jetzt wieder aufrecht, voller Erwartung, was es zu sehen geben würde. Schon bald schob sich die große Eiche am Ufer in ihren Blick.

Von der Seeseite sah das Baumhaus aus wie ein kleines schwebendes Fort. Das Seil über dem Wasser schien leicht zu schaukeln, so als hätte sich gerade jemand vom Baum in den See geschwungen, doch es gab keine Wellenkreise oder Luftblasen, nirgends. Langsam ließ er das Boot parallel zum Ufer entlanggleiten auf der Suche nach einer geeigneten Anlegestelle und zugleich auf der Hut vor dem Baumhausbewohner, der möglicherweise hier irgendwo steckte und sie beobachtete. Plötzlich nahm Marlene Witterung auf, spitzte die Ohren, wandte ruckartig den Kopf. Bevor Benny und er ihrem Blick folgen konnten, schlug sie an und sprang mit einem Riesensatz über Bord, so kraftvoll, dass er das Ruder fallen ließ, um Benny in dem schwankenden Kanu festzuhalten. Wild, mit wütenden Schlägen kraulte sie ans Ufer und verschwand kläffend im Unterholz. Zickzack strich sie umher, geduckt, fast geisterhaft, bis auf das lang gezogene Knurren, das sie hören ließ, um an anderer Stelle wieder in Gebell auszubrechen. Zwei-, dreimal zeigte sich noch ihre buschige, wedelnde Schwanzspitze zwischen Huflattich und Brombeersträuchern, ein undeutliches Rascheln hier und da, dann nichts mehr. Benny und er saßen im Boot, er hielt ihn noch immer umklammert, während sie auf die Büsche und Sträucher starrten – nichts.

Irgendwann löste er seinen Klammergriff, zog aber seine Hände nicht ganz ab, sondern hielt sie beinahe beschwörend über Bennys Rücken, bereit, jederzeit wieder zuzupacken. Er hatte noch immer Angst, der Kleine könnte dem Hund hinterherspringen.

»Wahrscheinlich eine Ente oder ein Dachs«, versuchte er, ihn zu trösten, obwohl er eher an die Fallen und Gefahren dachte, die von Menschen drohten. »Marlene wird schon wieder zurückkommen, keine Sorge. Retriever kommen immer zurück, es ist ihre Natur …«

Der Junge zuckte nur kurz mit dem Kopf wie über ein lästiges, zu lautes Geräusch und starrte weiter ins Uferlaub.

»Vielleicht ist sie auch schon nach Hause gelaufen, den Weg kennt sie ja.« Vorsichtig machte er sich daran, das Ruder aus dem Wasser zu fischen, das ein paar Meter abgetrieben war. Doch als er anfangen wollte zurückzurudern, fuhr Benny empört herum.

»He! Was machst du?«

»Es hat keinen Sinn, hier länger Däumchen zu drehen, wir paddeln jetzt nach Hause. Ich wette, Marlene liegt da schon gemütlich auf der Matte und wartet auf uns.«

»Und wenn nicht? Wir müssen sie doch suchen!« Benny klang verzweifelt.

»Falls sie wirklich noch nicht zu Hause sein sollte, kommen wir mit Andreas zurück«, versprach er, »der weiß ganz sicher, wie man sie einfängt. Die Stelle merke ich mir.«

Benny schien noch immer nicht überzeugt, irgendetwas beunruhigte ihn. »Aber sag Andreas nicht, dass sie mir weggelaufen ist, das darfst du ihm nicht sagen!«

»Versprochen.« Begütigend strich er über Bennys dünnes Haar. Er verstand, dass Benny Angst davor hatte, in Zukunft nicht mehr alleine mit Marlene spielen zu dürfen. Doch das war nicht alles. Das Gesicht, das Benny ihm zuwandte, war das Vorwurfsgesicht seiner Frau. Offenbar gab der Junge ihm die Schuld, weil er hierhergerudert war, weil er ihn festgehalten hatte, anstatt Marlene nachzujagen, weil er sich vom ersten Moment an gewünscht hatte, dass Marlene aus ihrem Leben verschwand – und so war es auch.

»Andreas wird bestimmt nicht böse sein«, gab er sich zuversichtlich, »das ist ihm sicher auch schon tausendmal passiert, und für solche Fälle hat er wahrscheinlich eine Hundepfeife …«

»Eine Hundepfeife?« Benny horchte auf.

»Ja, so eine Pfeife, die nur Hunde hören«, ging er schnell darauf ein, er wusste, dass er jetzt auf dem richtigen Weg war. »Der Ton ist zu hoch, zu dünn für das menschliche Ohr, aber Hunde können ihn hören, und wenn man in so eine Pfeife bläst, erkennen sie diesen Ton und kommen von selbst zurück.«

Es war unglaublich, wie leicht er Benny noch immer zum Träumen bringen konnte. Jeder Vorwurf schien vergessen, man konnte sehen, wie es in seinem Kopf arbeitete und seine Gedanken sich verloren in einer Welt der unhörbaren Töne und der Hunde, die ihnen gehorchten.

»Und wie bauen Menschen Hundepfeifen, wenn sie nicht hören können, ob sie funktionieren?«, fragte Benny wie von fern her.

»Es gibt Messgeräte, weißt du? Messgeräte für Frequenzen, die Schall in Licht umwandeln, sodass wir die Hundetöne sehen können, genau wie die Ultraschalltöne von Fledermäusen …« Er nahm das Ruder in beide Hände, jetzt konnte er in Ruhe nach Hause paddeln.

Kaum an Land, humpelte Benny voraus, zu Haus Nummer zehn und weiter zu Nummer elf. Er folgte mit großen Schritten. Sie mussten mehr als anderthalb Stunden unterwegs gewesen sein, doch seine Frau und Andreas waren noch nicht zurück.

»Du hast deine Wette verloren!«, rief Benny ihm zu.

»Was?«, fragte er, von dem Anstieg merkwürdig außer Atem.

»Du hast gewettet, dass Marlene schon da ist, wenn wir kommen. Du hast deine Wette verloren«, wiederholte Benny ernst, aber ohne Feindseligkeit.

Er blieb stehen und schaute sich um. »Kannst du mir vielleicht erklären, wo deine Mutter bleibt?«, fragte er nun wirklich gereizt, immerhin hielt sie sich nicht an ihren Teil der Abmachung. »Benny, halt! Wo willst du hin?«

Der Kleine hatte sich schon wieder in Bewegung gesetzt und antwortete, ohne sich umzudrehen: »Zurück zu der Stelle, hast du doch gesagt!«

»Wir müssen auf Andreas warten, sonst hat es doch keinen Zweck!« Er merkte selbst, wie hilflos das klang. »Pass auf! Du setzt dich hier hin, ich hole kurz mein Handy und rufe Mama an, dann wissen wir, wie lange sie noch brauchen, und je nachdem …«

Zu seiner Überraschung hörte Benny auf ihn, machte kehrt und ließ sich in die alte Hollywoodschaukel auf Andreas' Terrasse fallen. Eilig lief er hinüber in ihr Häuschen, schnappte sein Handy, das tatsächlich Empfang hatte, und hoffte, dass seine Frau nicht in einem Funkloch steckte. Der Anruf ging durch, doch schon beim ersten Rufsignal hörte er es im Haus klingeln. Sie hatte ihr Telefon auf dem Ladegerät gelassen.

Unverrichteter Dinge ging er zu Benny zurück, der auf der Hollywoodschaukel saß, ohne zu schaukeln. Seinem fragenden Blick wich er aus. »Sie kommen gleich«, sagte er vage, »aber ich könnte an der Rezeption nach einer Hundepfeife fragen, vielleicht ist mal eine liegen geblieben, oder einer von den Angestellten hat selbst einen Hund …«

Der Junge sagte nichts, schaute nur in die Ferne. Das Zauberwort wirkte nicht mehr.

Er setzte sich zu ihm. Eine Weile verharrten sie schweigend. Es war die Art von Warten, bei dem man erst alle Hoffnung verlieren muss und das Erwartete nicht mehr für möglich halten darf, sonst tritt es nicht ein.

»Wollen wir ihnen entgegengehen?«, fragte er, um nicht restlos zu versinken.

Von Benny kam keine Antwort, und er gab seinem Schweigen innerlich recht. Erst als er den Arm um ihn legte, spürte er, dass seine schmalen Schultern leicht zuckten. Der Junge weinte leise in sich hinein.

Als er schließlich – später noch als schließlich – Stimmen hörte und Schritte, schien Marlenes Verschwinden schon fast nicht mehr wahr. Seine Frau kam den Hügel hinab, Andreas war nicht bei ihr, jemand von der Rezeption begleitete sie, mit einem Schlüsselbund in der Hand. Ohne ein Wort der Entschuldigung schritt sie zügig an Benny und ihm vorbei. Der Hotelangestellte schloss ihr die Tür auf, sie traten ein. Benny und er wechselten einen Blick und folgten den beiden, wagten sich aber nur zögernd vor bis in den Flur von Nummer elf. Im Schlafzimmer sah er seine Frau Wäsche in eine Sporttasche packen, eine Weile schaute er ihr zu wie einer Fremden, dann wandte sie sich an ihn. »Der Zeckenbiss, den Andreas desinfizieren lassen wollte, ist stark entzündet, Borreliose höchstwahrscheinlich, mit Verdacht auf Meningitis. Er bekommt Antibiotika, Spritzen und bleibt zur Beobachtung vorläufig im Krankenhaus.«

»Borreliose?«, fragte er. »Aber ich dachte, je höher man im Norden ist, desto geringer die Wahrscheinlichkeit …«

»Das dachte ich auch und Andreas und viele andere«, sagte sie bitter. »Die Chance, dass man sich hier infiziert, beträgt eins zu fünfhunderttausend, meinte der Arzt, aber irgendwann gerät irgendwer an die fünfhunderttausendste Zecke.« Sie raffte die Tasche, zog den Reißverschluss zu und trug sie hinaus. Er wollte ihr nach, ihr behilflich sein, doch da zwängte sie sich schon durch die Tür.

»Borreliose?«, fragte Benny, verwundert, verwundet, wieder einmal. »Was ist Borreliose?«

»Eine Gelenkentzündung, die durch Zecken übertragen werden kann«, sagte er und senkte die Stimme, »wahrscheinlich ist Andreas mit Marlene irgendwo im Gebüsch unterwegs gewesen und …« Er sprach nicht weiter. Der Hotelangestellte musterte Benny und ihn mit einem Stirnrunzeln, während er sich an ihnen vorbeischob. Was hatten sie hier zu suchen, mit welchem Recht hielten sie sich hier auf? Woher sollte der Mann auch wissen, dass sie die Hundepfeife finden mussten, falls es in diesem Haus eine gab. So unauffällig wie möglich schaute er durch die halb offene Tür ins Seitenzimmer, das bei ihnen Bennys Kinderzimmer war. Die Gardinen waren zugezogen, der Raum verdunkelt. Doch in Umrissen erkannte er auf einem Stativ die Kamera mit Teleobjektiv, ausgerichtet auf den senkrechten Lichtschlitz zwischen den Gardinen, der mit dem Spalt unter dem Rollladen so etwas wie ein Fadenkreuz ergab. Auf einmal interessierte ihn nichts brennender als das Bild in der Linse: Er musste wissen, was Andreas im Visier gehabt hatte.

»Wir kommen sofort!«, rief er und lauerte auf einen unbeobachteten Moment, in dem er sich ins Zimmer schleichen und auf das Display schauen konnte. Doch der Hotelangestellte stand schon in der Tür und klapperte mit seinem Schlüsselbund. Ihm blieb nichts anderes übrig, als Benny am Ärmel zu fassen und mit sich nach draußen zu ziehen.

»Ich fahre ins Krankenhaus und bringe Andreas die Tasche, diesmal dauert es wirklich nicht lange.« Seine Frau war bereits im Aufbruch, tätschelte flüchtig Bennys Kopf. »Passt du solange auf Marlene auf, mein Großer? Das soll ich dir von Andreas nämlich ausrichten: Er würde sich sehr freuen, wenn du dich um Marlene kümmerst, bis er wieder gesund ist. Traust du dir das zu?«

»Ja, Mama«, hauchte Benny, den Blick zu Boden gesenkt. Man sah ihm sein schlechtes Gewissen sofort an, doch seine Mutter hatte andere Sorgen.

»Aber fang dir bloß keine Zecken ein, hörst du?«, fügte sie wie im selben Atemzug hinzu. »Geh nicht mit Marlene in die Büsche und zieh dir am besten was Langärmeliges an, ja?«

Benny nickte zuerst tapfer, doch seine Gewissensnot wurde nur noch größer – auf seinen Wangen, seinem Hals bildeten sich rote Flecken. »Mama …«, stieß der Kleine hervor und holte tief Luft, brachte es aber nicht über sich, ihr zu sagen, dass ihnen Marlene längst weggelaufen war und sie den Hund ohne Andreas' Hilfe wohl niemals wiederfinden würden.

»Du machst das schon!« Sie ging vor Benny kurz in die Hocke und gab ihm einen Kuss auf die Stirn. Der Junge lief vollends rot an.

»Oder möchtest du lieber mit Mama fahren und dir von Andreas noch ein paar Tipps geben lassen …«, versuchte er, Benny zu Hilfe zu kommen.

Sein Sohn nickte, seine Frau seufzte – offenbar war ihr das überhaupt nicht recht. »Möchtest du wirklich in deinen Ferien ins Krankenhaus?«

»Aber ich muss doch, wenn Andreas krank ist, Mama, bitte!«, bettelte der Kleine und sprang ungelenk auf der Stelle, als wisse er vor Aufregung nicht, wohin mit sich. Vielleicht hoffte er wirklich auf einen guten Rat von Andreas, vielleicht war er auch einfach nur froh, von hier wegzukommen.

»Na schön«, sagte sie, »aber wenn du danach wieder Albträume kriegst, beklag dich nicht bei mir!« Ihre Drohung schien auf Benny keinen sonderlichen Eindruck zu machen.

»Ich kümmere mich solange um alles«, sagte er gönnerhaft, als gäbe es etwas, worum er sich zu kümmern hätte. Er wollte seiner Frau das Gepäck abnehmen, doch der Hotelangestellte war bereits mit der Sporttasche vorgegangen.

Nachdem der Wagen hinter der nächsten Wegbiegung verschwunden war, atmete er auf. Jetzt hatte er Zeit. Scheinbar absichtslos schlenderte er den Hang hinunter, steuerte aber nicht auf ihr Ferienhaus zu, sondern blieb wie zufällig vor Nummer elf stehen, genau auf Höhe des Seitenzimmerfensters. Er stellte sich auf die Zehenspitzen und ließ den Blick langsam wandern, um herauszufinden, was Andreas im Fadenkreuz seiner Kamera gehabt haben könnte. Sein Schlafzimmer war zu sehen, aber auch ein größerer Ausschnitt der Terrasse und das Seeufer mit der Badeplattform. Von hier oben hatte Andreas die perfekte Aussicht auf sein Leben.

Für einen Moment tat er nichts, nahm nur die Bilder in sich auf, die wirklichen und die möglichen. Er hatte keine Eile, keine Angst, so sicher war er sich, dass ihm niemand gefolgt war. Eine mittägliche Ruhe und Trägheit lag über allem. Näher konnte man der Illusion von Friedlichkeit kaum kommen. Dann langte er mit einem Arm in den Schlitz unter dem Rollladen, schob die Lamellen etwas höher, um den Spalt zu verbreitern, und bekam das Teleobjektiv auf der anderen Seite zu fassen. Es war der entscheidende Augenblick, das wusste er: Wenn er jetzt weitermachte, würde es kein Zurück mehr geben. Doch er konnte nicht anders. Er zog die Kamera am Objektivhals zu sich hin, das Stativ drinnen scharrte über die Holzbohlen, irgendetwas fiel zu Boden, klirrte – er hielt inne: Außer seinem Atem, der heftig, immer heftiger ging, blieb es still. Er arbeitete sich weiter vor zu dem Stativkopf auf der Suche nach einem Knopf oder Hebel für den Auslösemechanismus und ertastete einen kleinen Griff, den er auf gut Glück hinunterdrückte. Es machte »klick«, das Stativ rumpelte ein bisschen, die Kamera sprang ab, fast hätte er sie fallen lassen, doch er erwischte noch eine Schlaufe des Umhängegurts. Das Teleobjektiv schlug leicht auf, keine Scherben, schätzte er, er würde sich das später ansehen. Erst musste er den Rollladen weiter aufstemmen, um die Kamera möglichst unbeschadet herauszuziehen. Mit der ganzen Kraft seines linken Arms drückte und schob er die Lamellen weiter zusammen, doch sie waren sperriger als gedacht. Es ging nur millimeterweise voran. Er kam ins Schwitzen, musste eine kurze Pause einlegen, gleichzeitig wurde die Kamera in seiner Rechten immer schwerer. Verzweifelt rüttelte er an dem Rollladen. Dann hörte er auf einmal Schritte hinter dem Haus und ein Keuchen, das nicht das seine war. Er hielt den Atem an. Was er hier machte, war schwer zu erklären, am Fenster eines fremden Hauses, einen Arm ins Zimmer gestreckt, verdammt schwer zu erklären. Der Schweiß lief ihm über die Brauen und brannte in seinen Augen. Er kniff sie zusammen, riss sie wieder auf und sah, dass es kein Mensch war, der da um die Ecke bog, sondern ein Hund.

»Marlene … da bist du ja!«, stöhnte er und bemühte sich um einen ruhigen, beschwörenden Tonfall. »Du kennst mich doch, Marlene, nicht wahr, du kennst mich, ich bin's, ich habe hier auf dich gewartet. Die anderen sind alle unterwegs, weg, weggefahren, aber ich habe immer gesagt, dass du von selbst zurückkommst, dass du wieder hierherfindest, ganz von allein, braver Hund, braver Hund!«

Er konnte nur hoffen, dass Marlene in ihm nicht den Einbrecher sah, der er war, sondern ein bekanntes Gesicht, den Vater des Jungen von nebenan, den Ruderer ihrer Bootspartie. Er war ihr ausgeliefert. Wenn sie losbellte, wenn sie ihn stellte, in dieser Lage … Ein Retriever ist kein Wachhund, ein Retriever ist ein Jagdhund, sagte er sich, ihm würde nichts passieren, solange er Ruhe bewahrte, nur die Ruhe. Diesmal hatte er wirklich ein schlechtes Gewissen.

»Wo hast du denn gesteckt, Marlene, hm? Wir haben uns Sorgen um dich gemacht«, redete er weiter mit ihr wie mit einem Kind, unsicher, ob er sie nun unterschätzte oder überschätzte. »Na, was gab es denn bei dem Baumhaus? Ein Kaninchen? Einen Dachs? Einen anderen Hund? Was hast du da aufgespürt?«

Er fand, dass er schlecht log, sehr schlecht. Es konnte also nicht stimmen, was man ihm von klein auf hatte weismachen wollen, dass Hunde die Angst riechen, sonst hätte Marlene ihm längst an den Kragen gehen müssen. Stattdessen legte sie den Kopf schräg und schaute ein bisschen wie Benny, verwundert, aber treu.

Offenbar glaubte sie ihm.

»Hör zu, Marlene, ich … ich repariere eben noch das Fenster, ich mach das hier schnell wieder heile, und dann werfen wir Stöcke am See, ja? Lauf du voraus, ich komme sofort nach, na los, lauf, Marlene!« Er wünschte, er hätte jetzt seinen Knüppel zur Hand gehabt, irgendwas, um sie von hier wegzulocken. Was er sagte, schien sie nicht zu verstehen – oder sie verstand alles.

»Komm jetzt, auf, Marlene! Lauf zum Wasser!«

Marlene setzte sich auf ihre Hinterläufe und sah ihn weiter an, genauso verwundert, genauso treu. Es half alles nichts. Er musste weitermachen, ganz langsam, vor ihren Augen. Vorsichtig führte er seine linke Hand, die er reflexartig an die Hosennaht gelegt hatte, hinauf zum Rollladen, der wieder abgesackt war und schwer auf seinem rechten Arm lastete. Dieses Gewicht war das Einzige, was er noch spürte. Seine Hand, mit der er die Kamera umklammerte, war taub.

Er setzte wieder unter den Lamellen an, drückte fester und schaute über die Schulter, ob Marlene das zuließ, dann stemmte er sich langsam mit seinem ganzen Körper dagegen. Doch der Mechanismus sperrte sich. Es ging weder vor noch zurück. Sein Arm klemmte unter dem Rollladen fest, und er konnte sich nicht einmal mit Gewalt befreien, denn vor ihm saß dieser Hund und bewachte ihn.

Der Schweiß lief jetzt wie aus offenen Schleusen, tropfte ihm von der Nase, vom Kinn. Er konnte keine Rücksicht mehr darauf nehmen, was Marlene von ihm dachte, falls sie etwas dachte. Es war nur eine Frage der Zeit, bis ihn jemand bemerkte, jemand kam. Marlene saß da mit gespitzten Ohren, heraushängender Zunge, aber sie schlug nicht an, noch nicht. Er nahm sich vor, nicht länger hinzusehen, vermutlich verriet ihn sein ständiger Blick über die Schulter mehr als alles andere, er musste nur freikommen, egal, wie! Kurz entschlossen setzte er einen Fuß gegen die Wand, stieß sich ab, sein Arm rutschte heraus bis zum Handgelenk, bis zur Faust. Jetzt war es nur noch das Objektiv, das blockierte. Doch er bekam es mit den Fingerspitzen seiner anderen Hand zu fassen, drehte es heraus und ließ es drinnen zu Boden poltern, während die Kamera selbst so leicht und flach war, dass sie sich ohne Weiteres am Umhängegurt durch den Spalt ziehen ließ. Er war frei, endlich frei, und er hatte sie! Wie zum Jubeln drehte er sich um und streckte die Arme in die Luft.

Marlene sprang auf, griff ihn aber nicht an, sondern wich ein, zwei Meter zurück – kein Wachhund, ein Jagdhund – und lief dann, so als hätte sie nur auf ihn gewartet, hinunter zum Wasser. Er folgte ihr ganz selbstverständlich, ohne die Kamera zu verstecken, er dachte gar nicht daran. Vielmehr ließ er sie wie eine Trophäe am Umhängegurt neben sich baumeln. Der See glänzte, zu hell und zu grell für sämtliche Filme der Welt. Am Ufer blieb er stehen, Marlene zu seinen Füßen, und starrte ins Licht. Dann hob er die Kamera wie für ein Foto, knipste zurück zu den letzten Bildern, die Andreas gemacht hatte, und starrte mit zusammengekniffenen Augen auf das Display, das noch tadellos funktionierte. Es war kaum etwas zu erkennen bei der Sonneneinstrahlung, doch er sah genug, um zu wissen, dass er auf diesen Bildern war, sein Körper, seine »Definition«, so wie er immer sein und bleiben wollte. Und zum ersten Mal, seit er angefangen hatte, sich eine Form zu geben und anzukämpfen gegen den Verfall, zum ersten Mal seit langer, langer Zeit spürte er eine Art von Liebe zu sich. Dann warf er die Kamera in hohem Bogen auf den See hinaus, wo sie ins Wasser klatschte und schwamm. Sie schwamm wirklich oben, eine ganze Weile, als wollte sie nie untergehen, und sank dann doch. Weder Marlene noch er sprangen ihr nach.

Quellennachweise

Jan Brandt: ›Reisen mit meiner Tante‹. Erstabdruck: Frankfurter Allgemeine Sonntagszeitung, 12. April 2015.

J. L. Carr: Auszug aus ›Ein Monat auf dem Land‹ (S. 119–122), DuMont 2016.

Wiglaf Droste: ›Es bleibt ein Stück Hannover zurück‹. Aus: ›Wurst‹ (S. 115–117), DuMont 2006.

John von Düffel: ›Hiob‹. Aus: ›Wassererzählungen‹ (S. 183–228), DuMont 2014.

Geoff Dyer: ›White Sands‹. Aus: ›White Sands‹ (S. 135–149), DuMont 2017.

Roman Ehrlich: ›Über die Positionen im Raum‹. Aus: ›Urwalderzählungen‹ (S. 239–251), DuMont 2014.

Dorothee Elmiger: Auszug aus ›Schlafgänger‹ (S. 94–96), DuMont 2014.

Thomas Gsella: ›Der BMW im Weg‹. Aus: ›Blau unter Schwarz. Gesammelte Prosa I‹ (S. 80–83), DuMont 2010.

Susanne Heinrich: ›Unter freiem Himmel‹. Aus: ›Amerikanische Gefühle‹ (S. 37–46), DuMont 2011.

Lorenz Just: ›Der Bericht einer Reise‹. Aus ›Der böse Mensch‹ (S. 159–173), DuMont 2017.

Martin Kluger: ›Die Feuerschluckerin‹. Aus: ›Der Koch, der nicht ganz richtig war‹ (S. 43–55), DuMont 2006.

Anne Köhler: ›Als ich Praktikantin in Israel war‹. Aus: ›Nichts werden macht auch viel Arbeit‹ (S. 31–36), DuMont 2010.

Jan Koneffke: ›Heimsuchung‹. Aus: ›Was rauchte ich Schwaden zum Mond‹ (S. 5), DuMont 2001.

Helmut Krausser: Coverversion von Hugo von Hofmannsthals ›Reiselied‹. Aus: ›Verstand und Kürzungen‹ (S. 120), DuMont 2014.

Judith Kuckart: ›Spätes Glück‹. Aus: ›Dass man durch Belgien muss auf dem Weg zum Glück‹ (S. 33–56), DuMont 2015.

Mariana Leky: ›Liebesperlen‹. Aus: ›Liebesperlen‹ (S. 73–84), DuMont 2001.

Hilary Mantel: ›Wie soll ich Sie erkennen‹. Aus: ›Die Ermordung Margaret Thatchers‹ (S. 91–112), DuMont 2014.

Tilman Rammstedt: ›Sommer‹. Aus: ›Erledigungen vor der Feier‹ (S. 7–11), DuMont 2003.

Richard Russo: Auszug aus ›Stimme‹. Aus: ›Immergleiche Wege‹ (S. 53–65), DuMont 2018.

Meg Wolitzer: Auszug aus ›Das weibliche Prinzip‹ (S. 9–10), DuMont 2018.

FSC
www.fsc.org
MIX
Papier aus verantwortungsvollen Quellen
FSC® C083411

Originalausgabe
Mai 2019
DuMont Buchverlag, Köln

Umschlaggestaltung: Lübbeke Naumann Thoben, Köln
Umschlagabbildung: Illustration © Rüdiger Trebels
Satz: Fagott, Ffm
Gesetzt aus der Dante und der Neutra
Druck und Verarbeitung: CPI books GmbH, Leck
Gedruckt auf säurefreiem und chlorfrei gebleichtem Papier
Printed in Germany
ISBN 978-3-8321-6485-0

www.dumont-buchverlag.de